EDITORIAL
EINE WELT VOLLER HELDEN

Von Klaus-Dieter Linsmeier, Koordinator Archäologie/Geschichte
linsmeier@spektrum.de

Als Kind begeisterten mich Geschichten um Prinz Ivanhoe, später nahm Perry Rhodan seinen Platz ein, dann Luke Skywalker und die Riege der Superhelden. Heroen sind ein Kulturphänomen, und das seit Jahrtausenden. Einst lauschten die Menschen Erzählungen über Achill und Herkules, heutzutage bewundern wir Umweltaktivisten, Whistleblower, Extremsportler und Nobelpreisträger. Stets leisten Helden Übermenschliches, widmen ihr Leben einem Ideal, einer Gemeinschaft – in Kriegen wie in Friedenszeiten. Dabei waren und sind sie unerreichbare Vorbilder, die Normen in Frage stellen. Und wenn sich eine Gesellschaft verändert, wandeln sich auch ihre Vorstellungen davon, was einen Helden ausmacht. So kamen im Lauf der Geschichte nicht nur Kämpfer und Heerführer, sondern zudem Staatenlenker und Künstler in den Genuss der Verehrung.

Im Sonderforschungsbereich 948 »Helden – Heroisierungen – Heroismen« fragen Wissenschaftler der Universität Freiburg, was dieses Phänomen über Kulturen aussagt. Was verrät beispielsweise die geradezu kultische Verehrung von Olympiasiegern über die sozialen Strukturen in den antiken griechischen Poleis? Stimmt das Bild vom Ritter als Dreh- und Angelpunkt mittelalterlicher Kriegsführung? Welche Botschaften wollten barocke Fürsten vermitteln, wenn sie sich als Herkules oder Apoll darstellen ließen? Was hatte es mit dem viel zitierten »Glanz des Helden« auf sich, dessen französische Übersetzung »éclat« im Deutschen wenig ruhmreiche Assoziationen auslöst? Warum beeinflusste Napoleon Bonaparte noch so lange nach seinem Tod die Politik Frankreichs?

Spannende Fragen für spannende Artikel aus der aktuellen Forschung – so lautet das Leitmotiv, das mich 25 Jahre bei »Spektrum der Wissenschaft« begleitete. Ihr Interesse an Archäologie und Geschichte, liebe Leserinnen und Leser, veranlasste uns 2004, das Magazin »Abenteuer Archäologie« ins Leben zu rufen, das sich 2007 als »epoc« thematisch zur jüngeren Geschichte hin öffnete. 2013 wurde daraus das monothematische **Spektrum** Spezial Archäologie Geschichte Kultur. Nun wird es abermals Zeit für Veränderungen, und Sie haben uns in einer Umfrage gezeigt, wohin die Reise gehen soll: mehr Themen rund um einen Schwerpunkt, flankiert von Rubriken, sechsmal im Jahr. Freuen Sie sich mit mir auf **Spektrum** Geschichte, mit dem Ihnen meine Nachfolgerin, die Archäologin und Wissenschaftsjournalistin Karin Schlott, ab dem kommenden Jahr das ganze Spektrum archäologischer und historischer Forschung präsentieren wird.

Ich bedanke mich für Ihre treue Leserschaft.

INHALT

6 ESSAY **HELDENTUM IM WANDEL**

Schon antike Epen feierten Menschen, die Übermenschliches vollbrachten. Sind jene Helden den heutigen vergleichbar? Und wozu brauchen Gesellschaften überhaupt Heroen?
Von Ralf von den Hoff und Ulrich Bröckling

10 BILDERWELTEN **ES KANN NUR EINEN GEBEN**

Schon früh stellten die Griechen Mythenhelden in ihrer Kunst dar. Damit thematisierten sie aber keine glorreiche Vergangenheit, sondern ihre eigene Zeit.
Von Ralf von den Hoff

16 ÄGYPTEN
MIT ALEXANDER KAMEN DIE HELDEN

Als Alexander der Große Ägypten eroberte, veränderte er dessen Literatur: Erstmals entstanden Geschichten von Protagonisten wie Ierau, der die Assyrer abwehrte.
Von Sitta von Reden

22 ATHLETEN **JENSEITS DES LIMITS**

Die antiken Sportler wurden als Helden verehrt – und kritisiert, überschritten die schillernden Gestalten doch die Grenzen guter Sitten.
Von Sebastian Bauer

28 MÄRTYRER **GLAUBEN, LEIDEN, SIEGEN**

Helden sind Gewinner, so lautete das Kredo. Doch wer einst Folter und Hinrichtung erduldete, statt seinem Glauben zu entsagen, stellte diese Regel in Frage.
Von Felix Heinzer

32 SCHIITEN **DER FÜRST DER MÄRTYRER**

Der Enkel des Propheten Mohammed starb für seine Überzeugung, dessen rechtmäßiger Nachfolger zu sein. Die Schiiten verehren ihn dafür bis heute als Helden.
Von Olmo Gölz

38 DICHTUNG **MIT FEDER UND SCHWERT**

Von der Antike bis in die Frühe Neuzeit schufen Heldenlieder das Bewusstsein einer gemeinsamen Geschichte. Obendrein dienten sie der Imagepflege und dem Nachruhm der Mächtigen.
Von Stefan Tilg und Dennis Pulina

44 MITTELALTER
DER MYTHOS VOM EDLEN RITTER

Hoch zu Ross, siegreich auf dem Schlachtfeld – das ist unser Bild vom Ritter. Tatsächlich hat es wohl wenig mit der militärischen Realität zu tun.
Von Klaus-Dieter Linsmeier

10
ESSAY
WAS HELDEN AUSMACHT

GETTY IMAGES / 2001 THE RECORD (BERGEN CO. NJ)

28
MÄRTYRER
STERBEN FÜR DEN GLAUBEN

AKG IMAGES / DE AGOSTINI PICTURE LIBRARY / A. DAGLI ORTI

44
MITTELALTER
RITTERTUM UND RITTER – DER FEINE UNTERSCHIED

AKG IMAGES

MIT FRDL. GEN. VON BELVEDERE, WIEN; FOTO: JOHANNES STOLL

48 BAROCK **HELDEN DER KUNST**

Hatten sich Fürsten in Kriegszeiten als Sieger inszeniert, gaben sie im Frieden die heroischen Kulturförderer.
Von Christina Kuhli

54 STANDBILDER **HERKULES, NEPTUN & CO.**

In der Frühen Neuzeit eroberten imposante Statuen öffentliche Plätze. Als Sinnbilder mächtiger Personen oder Gruppen transportierten sie politische Aussagen.
Von Katharina Helm

58 DAVID **EIN GROSSER WURF FÜR DIE KUNST**

Indem sie den Sieg des Hirtenjungen über den Riesen Goliath darstellten, schufen Bildhauer und Maler sich selbst eine Bühne – in der Rolle des David.
Von Anna Schreurs-Morét

62 DEMOKRATIE
DER TUGENDHAFTE GESETZGEBER

Was kann verhindern, dass Macht die Gründungsväter einer Republik korrumpiert? Antworten fanden Theoretiker der Frühen Neuzeit in der Antike.
Von Sebastian Meurer

66 FRANKREICH **DER GLANZ DES HELDEN**

Absolutismus, Aufklärung und Revolution veränderten auch die Vorstellungen französischer Autoren vom »éclat du héros«.
Von Andreas Gelz

70 HORATIO NELSON **»GOTT SEI DANK HABE ICH MEINE PFLICHT GETAN«**

Der Sieger von Trafalgar verkörpert die Ideale des Empire wie Mut und Pflichterfüllung. Als Vertreter kolonialer Expansion steht er heute aber in der Kritik.
Von Ulrike Zimmermann

76 NAPOLEON I. **REVOLUTIONÄR, KAISER, MEDIENEXPERTE**

Überaus gekonnt inszenierte sich Napoleon Bonaparte als Held. Noch lange nach seinem Tod prägte sein Mythos die Politik Frankreichs.
Von Benjamin Marquart

3 EDITORIAL

21 IMPRESSUM

82 VORSCHAU

JULOF90 / GETTY IMAGES / ISTOCK

ALAMY / ARTEPICS

Titelbild: fotokon / Getty Images / iStock;
Bearbeitung: Spektrum der Wissenschaft
Statue des mythischen Helds Achill in den Gärten des Palastes von Kaiserin Elisabeth von Österreich-Ungarn. Der Palast, das so genannte Achilleion, befindet sich auf der Insel Korfu, Griechenland.

ESSAY

HELDENTUM IM WANDEL

Schon die ältesten Epen der Menschheit feierten jene, die Übermenschliches vollbrachten; in der Populärkultur unserer Zeit sind sie allenthalben vertreten. Doch sind die Helden von damals denen von heute überhaupt vergleichbar? Wie und warum erschaffen sich Gesellschaften heroische Figuren?

Der Klassische Archäologe **Ralf von den Hoff** (links) und der Kultursoziologe **Ulrich Bröckling** leiten Teilprojekte des Sonderforschungsbereichs 948 »Helden – Heroisierungen – Heroismen« an der Albert-Ludwigs-Universität Freiburg.

▸▸ spektrum.de/artikel/1682302

GETTY IMAGES / 2001 THE RECORD (BERGEN CO. NJ)

Am 11. September 2001 entführten islamistische Terroristen der Organisation El Kaida in den USA vier Passagierflugzeuge. Um 8.46 Uhr Ortszeit raste das erste in den Nordturm des New Yorker World Trade Centers, das zweite traf wenig später den Südturm. Rettungskräfte versuchten, die einsturzgefährdeten Gebäude zu evakuieren. Viele von ihnen bezahlten ihren Mut mit dem Leben. Die beiden anderen Maschinen flogen Richtung Washington. Eine zerstörte Teile des Pentagons, die vierte wurde vom Piloten zum Absturz gebracht, bevor sie die Hauptstadt erreichte. Passagiere und Crew hatten von den New-York-Attentaten erfahren und rebelliert. Insgesamt forderte 9/11 an die 3000 Menschenleben.

Bald gedachte man der Feuerwehrleute, Sanitäter und Polizisten, die in den Türmen des World Trade Centers umgekommen waren, als Helden; ebenso der Todesmutigen des vierten Flugs. Sie erfüllten alle Kriterien, die man in Lexika zum Heldentum findet: eine außergewöhnliche Tat zum Wohl der Allgemeinheit unter hohem eigenem Risiko. Doch auch die Anhänger von El Kaida hatten ihre Helden. Sie feierten die Terroristen als heroische Märtyrer. Für Soziologen und Kulturwissenschaftler stellt sich die Frage nach den Beweggründen solcher widersprüchlicher Heroisierungen.

Einer einleuchtenden Erklärung nach handelt es sich um Reaktionen von Gesellschaften oder Gruppen auf Krisen, Bedrohungen oder außerordentliche Herausforderungen. Individuen, die sich durch Mut, Tatkraft und Opferbereitschaft von der übrigen Bevölkerung abheben, dienen dann – mit dem Heldenstatus versehen – als Vorbilder, die gemeinschaftliche Ideale verkörpern, sowie als Projektionsfläche etwa für Trauer und Aggression. So förderte das Gedenken der Opfer von 9/11 den Schulterschluss der US-amerikanischen Bevölkerung. Es lieferte die Begründung für Militärinterventionen in Afghanistan und den Irak, die im Ruf standen, El Kaida zu fördern. Umgekehrt galten die Selbstmordattentäter den Unterstützern des Terrornetzwerks als Idole in einem heiligen Krieg. Des einen Schurke kann also des anderen Held sein.

Das macht eine Konstante deutlich: Keine Tat ist heroisch, wenn nicht Menschen sie als solche rühmen! Erst die Verehrer erschaffen den Helden, und sie verbreiten dies in den verfügbaren Medien. Schon deshalb waren und sind Heroisierungen immer an die politischen und sozialen Bedingungen ihrer Zeit gebunden. Das macht Helden zu aufschlussreichen Sozialfiguren, die Forschern helfen können, menschliches Handeln in Vergangenheit und Gegenwart besser zu verstehen. So verraten uns die Geschichten um die Toten von 9/11 viel über religiöse und politische Konflikte im frühen 21. Jahrhundert: über die Sehnsucht nach neuer nationaler oder religiöser Geschlossenheit, aber auch über die Bereitschaft, sich für Ideale zu opfern. Heldengeschichten stellen Identifikationsangebote bereit – und besitzen Unterhaltungswert.

So fasziniert die »Ilias«, die Homer im späten 8. oder 7. Jahrhundert v. Chr. verfasste, über die Epochen hinweg bis in unsere Zeit. Was sagt eine der ältesten Heldenerzählungen der Antike über die damalige Gesellschaft, worauf beruht ihre Dramatik? Die griechische Kriegergemeinschaft, so berichtete der Dichter, zog gegen Troja, um zum einen die Ehrverletzung eines ihrer Mitglieder – König Menelaos – zu rächen, zum anderen hoffte sie auf reiche Beute. Homer setzte in vieler Hinsicht Maßstäbe für die Gattung des Heldenepos. So schilderte er keine Ereignisse seiner Gegenwart, sondern sprach von einer glorreichen Vergangenheit, von einer Zeit der Helden. Wohl deshalb bezeichnete er alle Kämpfer jedweder Partei als Heroen.

Drei New Yorker Feuerwehrleute, von ihrem Einsatz gezeichnet, ziehen an der Ruine des World Trade Centers die US-amerikanische Flagge hoch. Monumentale Trümmer im Bildhintergrund unterstreichen den Charakter des Heroischen. Das Bild wurde in Medien nach 9/11 massenhaft verbreitet und der Einsatz der Retter als nationale Heldentat gerühmt.

AUF EINEN BLICK
IDENTIFIKATION UND ABGRENZUNG

1 Herausragende Individuen, die mutig und selbstlos Ungewöhnliches für ihre Gemeinschaft vollbringen, gelten spätestens seit der Antike als Helden.

2 Sozialwissenschaftler sehen darin vor allem eine gesellschaftliche Strategie, in Krisenzeiten durch heroische Vorbilder Geschlossenheit und Orientierung aufrechtzuerhalten.

3 Helden überschreiten jedoch auch Grenzen und zeigen mitunter dunkle Seiten. Heroisierung erweist sich daher für Historiker als komplexes, über die jeweilige Kultur und Epoche Aufschluss gebendes Phänomen.

Die Unberechenbarkeit der Helden

Dass eine solche Gemeinschaft alles andere als eine harmonische Gruppe darstellt, illustriert die Hauptfigur Achill: Um den Tod seines Gefährten Patroklos zu rächen, geht er weit über das Ziel einer Schlacht hinaus und steigert sich in einen Blutrausch hinein. Als er später den trojanischen Prinzen Hektor im Duell besiegt, schleift er dessen Leichnam um die Festung – ein Verstoß gegen den Ehrenkodex. Achill demonstriert die Unberechenbarkeit eines Mannes, der seiner Gemeinschaft gleichsam enthoben ist. Zeitweise verweigert er sogar seinem Oberbefehlshaber Agamemnon den Gehorsam, da er sich in der eigenen Ehre gekränkt fühlt, und lässt seine Mitstreiter im Stich.

In der Zeit Homers, als nach dem Untergang der mykenischen Paläste größere politische Gemeinschaften in Griechenland entstanden, stand man genau vor solchen Problemen: Wie soll sich der Einzelne zu Forderungen der Gemeinschaft stellen? Wie geht man dabei mit einem Ehrenkodex um? Um dies zu besprechen, wurden Homers Epen auch bei öffentlichen Feierlichkeiten vorgetragen und später auf Tongefäße gemalt, die man bei Gelagen benutzte, auf denen die Angehörigen der Elite politische Entscheidungen diskutierten. Obgleich die homerischen Heroen schon in der Antike keineswegs nur positiv gesehen wurden, boten sie Orientierung, wie das Beispiel Alexander des Großen zeigt, der sich im 4. Jahrhundert v. Chr. als neuer Achill inszenierte und sich mit hohem Risiko an vorderster Front in die Schlachten stürzte (siehe »Mythos Alexander der Große«, **Spektrum** Spezial Archäologie Geschichte Kultur 1/2019). Homer hatte also Helden geschaffen, die Gelegenheiten zur Identifikation wie zur Abgrenzung boten, da sie mitunter Regeln brachen und Grenzen überschritten. Von ihnen erzählte man gerne, gerade weil man sie nicht in allen Aspekten bewunderte: Heldengeschichten thematisieren auch Normen und Probleme.

Offenbar ist das Heroische nicht nur ein sehr altes Phänomen menschlicher Gemeinschaften, sondern zudem ein sehr facettenreiches, das sich keineswegs auf Krisenbewältigung und Vorbildhaftigkeit reduzieren lässt. In kulturvergleichender Perspektive entdeckte beispielsweise der Mythenforscher Joseph Campbell (1904–1987) das Motiv der »Heldenreise« als gemeinsames Element vieler Erzählungen: Der künftige Heros müsse aus dem Vertrauten ins Unbekannte aufbrechen, um sich durch eine außerordentliche Tat zu bewähren, gereift zurückzukehren und der Gemeinschaft fortan zu nutzen. Die erfolgreichen »Star Wars«- und »Indiana Jones«-Filme orientierten sich an dieser Struktur. Selbst in manchen Psychotherapien werden die im Zuge des Erwachsenwerdens zu bewältigenden Entwicklungsaufgaben als Heldenreise verstanden. Dass sich Achill, der epische Urvater der Heroenabenteuer, in dieses Narrativ nicht einfügt, offenbart aber: Auch Campbell legte keine universale Definition des Heroen vor, sein Interesse galt vor allem der Erzählung über dessen Abenteuer. Geschichten, die in Campbells Schema passen, üben aber offenbar eine besondere Faszination aus.

Geballte Forschungskompetenz für ein facettenreiches Thema

Dass Heroisierung mehr sein muss als eine Strategie zur Krisenbewältigung, zeigen Heroen wie Achill, die Widerspruch herausfordern, Grenzen überschreiten und die selbst manchmal ein tragisches Schicksal trifft. Um ein derart komplexes kulturgeschichtliches und soziologisches Phänomen zu erforschen, bedarf es der Zusammenarbeit verschiedener geisteswissenschaftlicher Fächer. In dem 2012 gegründeten Sonderforschungsbereich (SFB 948) der Deutschen Forschungsgemeinschaft »Helden – Heroisierungen – Heroismen« an der Freiburger Albert-Ludwigs-Universität widmen sich mehr als 50 Forscherinnen und Forscher den Aspekten des Themas von der Antike bis in die Gegenwart.

Achill entsprang wie viele andere Heroen der Verbindung von Mensch und Gottheit. Damit brachte man in der Antike zum Ausdruck, dass diese Helden, obwohl sterblich, besondere, oft auch schwierige Menschen waren. Wichtiger als ihre Abkunft war ihre Außerordentlichkeit – ob moralisch gut oder schlecht –, die über ihren Tod hinaus erinnert wurde und wirkte. Weil man dies so sah, brachte man ihnen wie Göttern Opfer. Da Heroen sterblich waren, konnten Herrscher sie aber auch zu ihren Vorfahren zählen und so ihre Macht legitimieren. Alexander der Große etwa entstammte einem Herrschergeschlecht, das Herakles zu seinen Ahnen zählte.

Im antiken Rom achtete und diskutierte man zwar die Helden des griechischen Kulturkreises, doch man hatte dort mehr Interesse an Heroen, die nach den Regeln spielten, statt sie in Frage zu stellen. Das beste Beispiel dafür lieferte der Epiker Vergil im 1. Jahrhundert v. Chr. mit seiner »Aeneis«. In kunstvollen Versen beschrieb er, wie der Trojaner Aeneas seinen Vater und seinen Sohn aus dem brennenden Troja rettete und auf einer gefahrvollen Reise bis nach Italien führte. Eine Statue genau dieser Szene lies der erste römische Kaiser Augustus in Rom aufstellen. Die Sorge um Vorfahren und Nachkommen entsprach der Bedeutung von Familie in der römischen Gesellschaft, und Augustus betrachtete sich als Nachfahre des Aeneas. Das Bildwerk lieferte der Oberschicht des Reichs Optionen: Wer ein Bildnis des Helden finanzierte, dokumentierte damit seine Verbindung zur kaiserlichen Dynastie und zum Imperium. Das Heldenbild ist hier geradezu ein Bekenntnis.

Im Christentum setzte sich diese Tradition mit einer Variante fort: Wer beispielsweise die Reliquien eines Heiligen einem Kloster oder einer Kirche stiftete, demonstrierte seine Festigkeit im Glauben. Zudem verstärkten der gekreuzigte Jesus sowie die Märtyrer die Bereitschaft zum Selbstopfer als Teil von Heldentum. Anders als frühere Heroen aber bezeugten die für ihren Glauben Gestorbenen überweltliche Werte und Heilsversprechen, vermittelten somit Sinnhaftigkeit und Hoffnung auf ein Jenseits.

Als man in der Renaissance wieder stärker auf die Antike Bezug nahm, veränderten sich erneut die Heldenideale. Der Adel reklamierte das Erbe der antiken Mythen für sich und nutzte sie zur Selbstpräsentation. Im 18. Jahrhundert konnten dann auch Angehörige des Bürgertums zu Helden aufsteigen, sofern sie pflichtbewusst, unter Aufbietung aller Kräfte oder sogar als begnadete Genies Großes für ihre Nation leisteten wie der britische Admiral Horatio Nelson.

Doch schon Anfang des 19. Jahrhunderts erklärte Georg Wilhelm Friedrich Hegel, der wohl einflussreichste Philosoph und Zeitanalytiker seiner Epoche, die Phase der Heroen für beendet. In einer Welt der staatlichen Institutionen und Gewaltenteilung, geprägt durch Individualität und Ökonomie, fänden sie allenfalls noch als Themen für Künstler einen Platz. Der schottische Essayist und Historiker Thomas Carlyle nahm aber wenige Jahrzehnte später eine Gegenposition ein: Der Lauf der Weltgeschichte werde von großen Männern bestimmt, die eine geradezu kultische Verehrung verdienten. Damit rechtfertigte er auch die Nationalhelden des 19. Jahrhunderts wie den angeblich in der Varusschlacht siegreichen »Herrmann den Cherusker«, der das aufkommende deutsche Nationalbewusstsein in einer glorifizierten germanischen Vergangenheit verankerte. Carlyle sah in ihnen Ersatzfiguren, die den immer offenkundigeren Bedeutungsverlust von Religionen kompensierten.

Der Massentod in den beiden Weltkriegen des 20. Jahrhunderts führte einerseits zu einer Demokratisierung des Heroischen, symbolisiert durch den »unbekannten Soldaten«, den namenlosen Helden als Fluchtpunkt ge-

Am 23. Februar 1945 eroberten amerikanische Marinesoldaten nach verlustreicher Schlacht die japanische Insel Iwojima. Das Hissen der US-Flagge wurde bald darauf mit einer größeren nachgestellt und fotografiert. Die Aufnahme avancierte zum Symbol des heroischen Sieges der USA über Japan.

AKG IMAGES / SCIENCE SOURCE / JOE ROSENTHAL

meinschaftlicher Trauerarbeit. Andererseits war die militärische Heldenverehrung nach 1945 moralisch nicht mehr leicht zu rechtfertigen, insbesondere in Deutschland. In den 1980er Jahren kam dafür dann der Begriff der postheroischen Ära auf. Dahinter stand die Vorstellung von Soziologen und Kulturwissenschaftlern, westliche Gesellschaften seien weder willig noch in der Lage, ihre Identität auf Dauer aus dem Opfer Einzelner für die Gemeinschaft zu schöpfen. Das mache sie aber verwundbar, da fundamentalistische Gruppen weiterhin todesverachtende Attentäter mobilisieren könnten.

Nicht nur Heldentum wurde im Lauf der Geschichte sehr unterschiedlich gesehen, auch seine Erforschung war und ist offenbar an einen Zeitgeist gebunden. Trotz aller Abgesänge kann von einem Ende des Phänomens keine Rede sein. Das Spektrum der Heroisierungen hat sich eher noch erweitert: Wir verehren Spitzensportler nicht weniger als Bürgerrechtler oder Menschen, die Zivilcourage zeigen. Manches deutet darauf hin, dass der Heldenkult im Zeitalter der Entzauberung traditioneller Glaubensvorstellungen tatsächlich zu einer Ersatzreligion avanciert.

Und wie sich schon Alexander der Große als neuer Achill in Szene setzte, verschmelzen im Heldentum bis heute Erinnerungen an Heroen früherer Tage mit aktuellen Interessen. Nicht von ungefähr ähnelt eine Fotografie, die am Tag nach 9/11 aufgenommen wurde (siehe Bild S. 6), einer früheren vom März 1945 (Bild oben). Die erste zeigt New Yorker Feuerwehrmänner, die Amerikas Flagge über Ground Zero hissen. In der zweiten sind es US-Marines nach der verlustreichen Eroberung des japanischen Stützpunkts auf der Insel Iwojima. Die fotografische Inszenierung stellte einen Deutungsrahmen bereit, der aktuelle Helden mit früheren verband, die Attentate von 2001 mit Bedrohung und Sieg assoziierte und patriotische Geschlossenheit beschwor. Heroische Vorbilder funktionieren nun einmal nicht durch Appelle an die Vernunft, sondern sprechen uns emotional an – auch durch suggestive Bilder.

Die bisherige Forschung bestätigt somit: Gemeinschaften rufen in Krisenzeiten tatsächlich verstärkt heroische Figuren auf, das scheint eine Konstante zu sein. Heldengeschichten sind Geschichten der Selbstüberschreitung. Sie tragen dazu dabei, die eigenen Grenzen zu erkunden, zu bestätigen oder zu verschieben. Sie binden aktuelle Bedürfnisse an alte Vorbilder oder Denkmodelle. Auf diese Weise festigen Menschen den sozialen Zusammenhalt und schließen sich gegen Bedrohungen zusammen – riskieren aber, dass heldenhafte Grenzüberschreitung als vorbildhaft verstanden wird. Zudem sind Helden selten um Ausgleich bemüht und verlangen von einem jeden, Stellung zu beziehen.

Man könnte fragen, ob Gesellschaften, die Helden besonders verehren, im Hinblick auf ihre eigenen Werte eher kompromisslos sind. Aus dieser Perspektive kann man kritischer darauf schauen, dass westliche Staaten auf Terror mit Heroisierungen reagieren. Gerade weil Achill nicht Nelson war und Nelson nicht der von vielen als Held verehrte Whistleblower Edward Snowden: Heroen vergangener Kulturen zu erforschen, kann helfen, Prozesse und Praktiken der Gegenwart besser zu verstehen und kritisch zu bewerten. ◂

BILDERWELTEN
ES KANN NUR EINEN GEBEN

Die Griechen stellten Heldenmythen nicht allein um der Kunst willen dar, sondern thematisierten damit die gesellschaftliche Situation ihrer eigenen Zeit.

Ralf von den Hoff ist Professor für Klassische Archäologie an der Albert-Ludwigs-Universität Freiburg und Sprecher des Sonderforschungsbereichs 948.

▸▸ spektrum.de/artikel/1682490

AKG IMAGES / DE AGOSTINI PICTURE LIBRARY / G. DAGLI ORTI

»Von Helden muss berichtet werden«, stellt der Politologe Herfried Münkler fest. Anders werden sie nicht zu Helden. Dies gilt heute ebenso wie in der griechischen Antike. Damals war es der Dichter Homer, der um 700 v. Chr. die archetypischen Heldenberichte der Griechen schuf: Aus mündlich überlieferten Geschichten verfasste er die beiden großen Epen »Ilias« und »Odyssee«. Die »Ilias« dreht sich um den Zorn des Achill, der sich von den Kämpfen um Troja zurückzieht, weil ihm seine Beute, eine trojanische Prinzessin, vorenthalten wird. Das beschert den geschwächten Griechen Niederlage um Niederlage, bis Achill aus Rache die Trojaner zurückschlägt. Die »Odyssee« setzt nach dem Trojanischen Krieg ein und handelt von der Heimfahrt des listenreichen Odysseus, die den König von Ithaka zehn entbehrungsreiche Jahre kostet.

In beiden Epen nannte Homer jeden seiner Protagonisten »Heros«, was übersetzt »Held« bedeutet. Aber auch alle anderen Männer, die in den Epen auftreten, bezeichnete Homer als Heroen. Damit stellte er ihre Welt als eine ganz und gar heroische Welt dar. Nun war es so, dass die Griechen diese Heroen auch für ihre Vorfahren hielten. Homer hatte also mit seinen Epen die Geschichte Griechenlands zu einer heroischen Geschichte gemacht.

Viel mehr noch: Homers Epen avancierten zu Lehrbüchern des antiken Griechenlands. Trugen anfangs Sänger die Heldenberichte einem elitären Publikum vor, erzählten später selbst Mütter ihren Kindern die homerischen Mythen, wie Platon im 4. Jahrhundert v. Chr. berichtet. Die Heroengeschichten lieferten zudem den Stoff für Aufführungen im Theater und – in einer Kultur ohne textliche Massenmedien – verbreiteten sie sich vor allem in Form von Bildern. Spätestens seit dem 7. und 6. Jahrhundert v. Chr. waren die Heroen und ihre Geschichten auf Ton- und Metallgefäßen, aber auch auf anderen Objekten wie Waffen, Münzen und Bauwerken abgebildet, ja sogar auf öffentlichen Plätzen und in Heiligtümern waren die Darstellungen von Heldenmythen allgegenwärtig.

Wie stellt man einen Helden dar, wie wird er im Bild erkennbar?

Auf diese Weise prägten die Helden Homers und andere Heroen nicht nur die Vorstellungswelt der Griechen, sondern die Griechen rückten sich auch selbst in heroisches Licht: Wie die kunsthistorische Forschung gezeigt hat, waren die Mythenbilder nämlich keine Kunst um der Kunst willen. Sondern die Griechen setzten sich, indem sie Mythen erzählten oder abbildeten, mit ihrer Vergangenheit und zugleich mit ihrer Gegenwart auseinander. Mit den Mythen diskutierten sie die gesellschaftlichen Normen und Themen ihrer eigenen Zeit und Vergangenheit. Wie sie das taten, also welches Bild sie sich von ihren Heroen machten und wie sie dieses Bild gestalteten, sagt daher deutlich mehr über diese Menschen aus als über Achill, Odysseus & Co.

Der Held Odysseus, in weißer Farbe wiedergegeben, rammt an der Spitze seiner Gefährten dem Riesen Polyphem einen Pfahl ins Auge. In der Amphore wurde um 720 v. Chr. ein Kind bestattet.

AUF EINEN BLICK
EIN BILD VON EINEM HELDEN

1 Um 700 v. Chr. entwickelten griechische Kunsthandwerker Darstellungsweisen für Helden: Sie kennzeichneten herausragende Männer durch eine besondere Körpergröße, die Position im Bild und deren Farbe.

2 Anfangs stellten die Künstler so »große Männer« und ihre elitäre Welt dar. Später nutzten sie diese Bildmittel auch, um mythische Helden zu charakterisieren.

3 Im 6. Jahrhundert v. Chr. hatten sie neue Wege entwickelt, einen solchen Helden zu kennzeichnen: Sie fügten Zuschauer ins Bild ein – als Zeugen für dessen herausragende Taten.

Wann und wo die ersten Illustrationen von Szenen aus »Ilias« und »Odyssee« geschaffen wurden, wissen wir heute: Spätestens gegen 650 v. Chr., eine Generation nach Homer, wurden homerische Bilder an unterschiedlichen Orten in Griechenland und im damals griechisch besiedelten Unteritalien gefertigt. Die Bilder stellten die Erlebnisse des Odysseus und seiner Männer in der Höhle des einäugigen Riesen Polyphem dar. Zudem bildeten Künstler erstmals das Trojanische Pferd ab. Andere homerische Heroenmythen folgten vor allem im 6. Jahrhundert v. Chr.

In der Vergangenheit haben sich viele Forscher mit diesen frühen Heroenbildern beschäftigt. Dabei ging es meist um die Inhalte und die Bedeutungen der Bilder: Wofür stand das Bild von der Blendung des Zyklopen Polyphem – für den Kampf gegen Gefahren in der Fremde, für das Geschick des Odysseus oder für die starke Gemeinschaft der Gefährten, die zusammen die Tat begingen? Und warum interessierten sich die Menschen der frühen Antike überhaupt für die »Odyssee« – weil es ein Seefahrerepos war und die Seefahrt große Bereiche der damaligen griechischen Lebenswelt bestimmte? Angesichts solcher Studien ist jedoch eine Frage bisher vernachlässigt worden: Kannte die griechische Kultur nur typische Inhalte von Heroenbildern, oder gab es auch typische Formen der Darstellung? Die Rede ist von speziellen Effekten der Inszenierung. Das moderne Kino nutzt solche Effekte – zum Beispiel den »hero shot«. Dafür wird der »Held« in Nahansicht gefilmt, oft von unten, um seine besondere Bedeutung anzuzeigen. Ebenso in mittelalterlichen und neuzeitlichen Bildern sind die Helden erkennbar hervorgehoben: durch Glanzeffekte wie den »Heiligenschein« oder durch die Darstellung im scheinbaren Gegenlicht der Sonne. Sucht man nach ähnlichen Formen im frühgriechischen Heroenbild, gelangt man in die Zeit Homers, in das späte 8. Jahrhundert v. Chr.

Nach dem Zusammenbruch der mykenischen Zivilisation folgte die krisenhafte, fast bilderlose Epoche der »Dark Ages« zwischen dem 11. und frühen 10. Jahrhundert v. Chr. Anschließend schmückten Handwerker ihre Produkte vor allem mit geometrischen Mustern. Eine komplexe Bildkultur

STAATLICHE ANTIKENSAMMLUNGEN UND GLYPTOTHEK, MÜNCHEN (INV.-NR. 8696)

Das Schiff ist gekentert, die Besatzung treibt im Meer, nur der Mann auf dem Bootskiel hat überlebt. Die Darstellung auf einer Kanne aus der Zeit um 720 v. Chr. schildert die Alltagserfahrungen der Menschen jener Zeit.

entstand erst wieder im 8. Jahrhundert v. Chr., in der so genannten spätgeometrischen Epoche. An verschiedenen Orten in Griechenland bemalten die Handwerker die Tongefäße vor allem mit Bildszenen, in denen mehrere Figuren und menschliche Handlungen dargestellt sind. Was hatte diesen Wandel bewirkt? Zu jener Zeit gab es in Griechenland eine wachsende Gruppe elitärer und wohlhabender Familien. Mit den bemalten Tongefäßen schufen sich diese Familien eine Möglichkeit der Selbstdarstellung: So dienten manche der Gefäße als Markierungen für die Gräber ihrer Familienangehörigen. Diese »neuen« Bilder haben gemeinsam, dass sie bestimmte Standardthemen abbilden, die zur Erfahrungswelt der Eliten in dieser Zeit gehörten: Kämpfe im Krieg, Jagdszenen, Kriegerumzüge, Schifffahrt, Totenaufbahrungen und festliche Rituale. In den Bildern bleibt offen, wer dort genau dargestellt ist. Niemals lesen wir Namensbeischriften. Zudem lässt sich keine Szene, so individuell sie auch erscheinen mag, eindeutig mit einem Mythos zusammenbringen – seien es die Epen Homers, oder seien es andere Erzählungen.

Zu Recht hat der Klassische Archäologe Luca Giuliani von der Humboldt-Universität in Berlin diese frühen Darstellungen deshalb als deskriptive Bilder bezeichnet. Giuliani meint damit, dass die Bilder die Welt der Eliten zeigen, wie sie sich die Eliten selbst vorstellten oder wünschten. Sie beschreiben ihre Welt, bilden aber keine individuellen Ereignisse der Geschichte oder eines Mythos ab. Weder Odysseus und seine Gefährten noch Herakles, der später im 6. Jahrhundert v. Chr. sehr häufig im Ringkampf mit dem Nemeischen Löwen dargestellt wurde, sind in den frühen Bildern auszumachen.

Homer bediente sich übrigens einer ganz ähnlichen beschreibenden Darstellungstechnik. Im 18. Gesang der »Ilias« erhält Achill einen neuen Rundschild, der mit Reliefbildern geschmückt ist. Homer schildert ausführlich die Bildwerke auf dem Schild: Unter dem Himmel befinden sich zwei Städte, in denen Menschen zu sehen sind, wie sie kämpfen, Verhandlungen führen, feiern oder sich vor Gericht streiten. Daneben sind Szenen des Landlebens abgebildet und solche kultischer Rituale, die ohne jeden Namen, ohne jede nähere Bestimmung auskommen. Die Bilder der homerischen Schildbeschreibung schildern die Welt an sich.

Die spätgeometrischen Bilder zeichnen sich außerdem durch eine Bildsprache aus, die uns ungewohnt erscheinen mag (Bild links): Die menschlichen Figuren sind ohne Kleidung dargestellt. Es ist aber höchst unwahrscheinlich, dass die Menschen damals tatsächlich nackt trauerten oder kämpften. Es geht in den Bildern also nicht darum, die einstige Wirklichkeit genau abzubilden, sondern man wollte den menschlichen Körper an sich sichtbar machen. Die Körper wurden aus »Bausteinen« zusammengefügt, die jeweils eine charakteristische Form und Bedeutung hatten: Der Oberkörper ist als Dreieck gestaltet, denn die Brust sollte breit sein, weil dort laut Homer der Mut sitzt, der Bauch hingegen ist schmal geformt. Die Beine sind meist leicht eingeknickt, um ihre Beweglichkeit anzudeuten – auch das betont Homer als wichtige Qualität seiner Helden. Die Beinmuskeln, die diese Beweglichkeit garantieren, sind als Wölbung deutlich zu erkennen. Den Kopf sieht man im Profil. Darauf erhebt sich ein wippender Helmbusch, der stellvertretend für den gesamten Helm steht.

Prominent in der Mitte und größer als die anderen

Es fällt auf, dass durch diese Bildsprache alle in einem Bild dargestellten Menschen als leistungsstark, mutig und beweglich gerühmt werden. Man meint, eine Welt außerordentlicher Menschen vor sich zu haben. Homers Vorstellung von einer »Zeit der Heroen« ist dies nicht unähnlich. Die Maler scheinen anders als Homer jedoch keinen bestimmten Helden, keinen lebensweltlichen Achill oder Odysseus, hervorgehoben zu haben – sehen die Figuren doch alle gleich aus und bleiben namenlos. Schaut man aber genau hin, ist das Gegenteil der Fall.

Auf dem Hals einer Kanne des mittleren 8. Jahrhunderts v. Chr., die heute in den Staatlichen Antikensammlungen in München aufbewahrt wird, sieht man eine vielfigurige Szene (Bild oben): Ein Mann sitzt auf dem Kiel eines gekenterten Schiffs. Um ihn herum treibt seine Mannschaft im Wasser, in dem auch Fische schwimmen. Manche der Männer klammern sich an den Schiffsrumpf, die meisten scheinen leblos zu sein. In Homers »Odyssee« gibt es keine solche Situation. Doch für die griechischen Seefahrer, die damals zuhauf ausfuhren, um überseeische Kolonien zu gründen, gehörte Schiffbruch zu ihrer »Welt«.

In dem Bild fallen einige formale Gestaltungselemente ins Auge: Der auf dem Bootskiel sitzende Mann ist nicht nur derjenige, dessen Überleben wahrscheinlich erscheint, sondern er befindet sich auch in der Mitte und an oberster Stelle der Bildkomposition. Zudem hat ihn der Maler direkt unter der Tülle der Kanne platziert. Hält man die Kanne an ihrem Griff und streckt sie jemandem entgegen, dann fällt der Blick direkt auf diese Figur. Dieser Mann ist also deutlich hervorgehoben. Gegenüber allen anderen erscheint er außerordentlich – auch wenn der Maler ihm keinen konkreten Namen beigegeben oder ihn durch bestimmte Attribute kenntlich gemacht hat, die ihn von »normalen« Menschen unterscheiden.

In anderen Darstellungen derselben Zeit sind einzelne Figuren durch ihren größeren Körper hervorgehoben – zum Beispiel bei einer Bronzestatuette, die sich heute in New York befindet (Bild unten): Ein »großer« Krieger kämpft gegen einen kleiner dargestellten Kentaur, ein wildes mythisches Mischwesen aus Mensch und Pferd. Der Sieger steht fest – in der Flanke des Kentauren steckt eine Lanzenspitze. Nichts lässt erkennen, dass mit dem Sieger ein Heros gemeint ist, der in einem Mythos gegen solche Unwesen kämpfte. In Frage kämen Nestor, Herakles oder Theseus. Sicher ist aber auch, dass »Riesen« und Kentauren nie in der griechischen Mythologie aneinandergeraten. Es wird mit den Bronzefiguren also keine bestimmte Geschichte erzählt, vielmehr wird vom Sieg des Kriegers über die Gefahren der Wildnis und das Unzivilisierte berichtet. Der menschliche Kämpfer wird dabei durch seine Körpergröße als außerordentlich charakterisiert. Sogar für das häufigste Bildmotiv jener Zeit nutzten die Maler solche Inszenierungen: In den Aufbahrungsszenen auf Grabgefäßen des späten 8. Jahrhunderts v. Chr. steht die Bahre immer in der Mitte. Der Leichnam darauf wird dabei oft größer dargestellt als die Trauernden um ihn herum. Auch hier wollte der Maler durch die unterschiedliche Körpergröße und die Bildkomposition den Blick gezielt auf eine Figur lenken.

ALAMY / ARTOKOLORO QUINT LOX LTD

Ein Held kämpft gegen einen Kentaur und hat das Mischwesen in der Flanke getroffen. Die Bronzefigur datiert um 750 v. Chr.

Ein Tongefäß von der griechischen Insel Paros verbindet mehrere dieser Darstellungstechniken (Bild S. 14). Das Gefäß war gegen 720 v. Chr. in einem Massengrab niedergelegt worden und diente als Urne für die Asche eines im Krieg Gefallenen, vermutlich eines Anführers oder besonderen Soldaten. Dafür spricht, dass die Urne als aufwändig bemaltes Gefäß in das Massengrab gelangte. Zudem ist auf dem Bauch der Amphore eine Schlacht abgebildet: Zwei Gruppen mit Kriegern stehen sich gegenüber und beschießen sich mit Lanzen, zwischen ihnen liegt ein Gefallener. Auf der Gefäßschulter sieht man noch schwach erhalten auf schwarzem Hintergrund einen in Weiß gemalten Gefallenen zwischen zwei Kriegern. Im Bildfries darüber erkennt man in der Mitte die Aufbahrung eines Toten. Obwohl auch hier Namensbeischriften fehlen und die Bilder standardisierten Bildtypen folgen, scheint – aufsteigend von unten nach oben – eine Geschichte erzählt worden sein: Schlacht, Tod, Aufbahrung.

Es liegt nahe, diese Geschichte mit dem Mann zu verbinden, dessen Überreste in der Urne bestattet wurden – auch wenn der Maler dies nicht explizit deutlich gemacht hat. Die Bildgestaltung sagt aber noch weit mehr aus. Der Maler berichtet nicht nur einfach von einem Geschehen, sondern er hat eine axiale Komposition gewählt und so denselben Protagonisten mehrfach übereinander in den Blick gerückt. Einmal, im mittleren Bildfeld auf der Schulter, ist er durch seine Körpergröße gegenüber den anderen menschlichen Figuren und durch die ungewöhnliche weiße Farbgebung hervorgehoben. Der Maler hat also unterschiedliche Arten der Fokussierung angewendet. So gelingt es ihm im späten 8. Jahrhundert v. Chr., in deskriptiven Bildern standardisierter Typologie einzelne Figuren als außerordentlich zu kennzeichnen – bevor überhaupt das Interesse aufkam, diese Figuren konkret mit Namen zu versehen oder Heroen eines Mythos darzustellen.

Wir sehen also: Noch vor dem 7. Jahrhundert v. Chr., als in Griechenland erstmals Bilder von bestimmten mythischen Heroen hergestellt wurden, haben die Maler einzelne Akteure durch bildliche Fokussierungen hervorgehoben – durch eine übersteigerte Körpergröße, durch Farbverfremdung, durch Zentralisierung oder eine axiale Komposition. Das heißt, schon vor den ersten Heroenbildern und den Epen Homers gab es im späten 8. Jahrhundert v. Chr. ein Interesse, außerordentliche Akteure in an sich deskriptiven Bildern zu kennzeichnen. Man wollte offenbar bestimmte Menschen der »Welt, wie sie ist« als heldenhaft gegenüber anderen auszeichnen. Dies geschah in einer Zeit, als in den Städten Griechenlands einzelne Anführer und ihre Familien untereinander immer mehr in Konkurrenz traten. Und es war nicht zuletzt ein Ergebnis dieser sozialen Situation, dass Homer das Aufbegehren des Achill gegen die Interessen anderer Griechenführer zum Thema seiner »Ilias« machte.

Im 7. Jahrhundert v. Chr., in der so genannten archaischen Epoche, entstanden die ersten wirklichen Heroenbilder – also solche, auf denen bestimmte Heldenmythen zu erkennen sind. Luca Giuliani hat sie deshalb als narrativ bezeichnet. Die ältere Technik der Fokussierung gab man allerdings nicht auf. Das beweist ein Blick auf die bekannte, anderthalb Meter hohe Odysseus-Amphore (Bild S. 10).

Gegen 670/650 v. Chr. wurde darin in Eleusis bei Athen ein Kind bestattet. Es ist anzunehmen, dass das Gefäß bei den Bestattungsfeierlichkeiten aufgestellt wurde und sichtbar war. Auf dem Hals, dem obersten Bildfeld des Gefäßes, sieht man rechts den Riesen Polyphem als größte Figur am Boden sitzen. Von links kommen drei Männer herbei und stoßen gemeinsam einen dünnen Pfahl ins Auge des Riesen. Der vorderste der drei Männer gibt der Waffe die entscheidende Stoßrichtung. Außerdem agiert er aktiver als die anderen beiden, mit erhobenem Bein strebt er dynamisch auf seinen Gegner zu. Sein Körper ist zudem als Einziger nicht mit dunklem Glanzton bedeckt, sondern in Konturen gezeichnet und durch weiße Farbe hervorgehoben. Diese Figur dürfte Odysseus darstellen – auch wenn er bei Homer nicht die Spitze, sondern das Ende des Pfahls umfasst, mit dem er und seine Gefährten den Kyklopen blenden (»Odyssee«, 9. Gesang, Zeile 105-556). Der Vasenmaler hat also die literarischen Versionen der Mythen nicht wortgetreu abgebildet. Die Maler wendeten grundsätzlich andere formale Darstellungstechniken an als die Dichter.

Krieger im Kampf, zwischen denen ein Gefallener liegt. Darüber in Weiß ein weiterer Gefallener und auf dem Hals ein aufgebahrter Leichnam – um 720 v. Chr.

Auf der Odysseus-Amphore schloss sich der Künstler an die Techniken der Fokussierung aus der geometrischen Zeit an, setze aber auch neue Mittel ein: die Position an der Spitze, die weiße Körperfarbe und das dynamische Bewegungsmotiv.

Im späteren 7. Jahrhundert v. Chr. wurden erstmals in der griechischen Bildkunst die Figuren in solchen Handlungsszenen benannt. Es sind die Namen von Heroen und Göttern, die nun neben die Figuren geschrieben wurden. Und erstmals erhielten ganz bestimmte Heroen und Götter Attribute, die sie eindeutig erkennbar machten, wie der Blitz des Zeus oder das Löwenfell des Herakles. Die Bilder stellten nun vielfach – aber keinesfalls ausschließlich – bestimmte Heroen und Götter der Mythologie dar. Aus den namenlosen Protagonisten der spätgeometrischen Bilder wurden jetzt konkrete Figuren. Und dies geschah zu einer Zeit, als die Epen Homers ihre erste Verbreitung erfuhren.

Man mag sich fragen: Was war zuerst da – die griechischen Heldenbilder oder die Epen Homers? Diese Frage lässt sich allerdings nicht einfach beantworten. Die Erkenntnisse zu den Epen und zu den Bildern aus dieser Zeit zeigen uns aber, dass damals herausragende Einzelne für die soziale Elite Griechenlands immer wichtiger wurden. Und dies mag dazu geführt haben, dass man immer mehr besondere Geschichten von bestimmten »großen Männern« darstellen wollte – und Bilder von mythischen Heroen schuf.

Zuschauer bezeugen die Taten der Helden

Im 6. Jahrhundert v. Chr. waren Homers Epen in der griechischen Bilderwelt fest etabliert: Sie prangten an Bauwerken und Reliefs in Heiligtümern und fanden sich weiterhin auf Tongefäßen. Die Heroengeschichten schmückten nun vor allem Gefäße, aus denen die aristokratischen Männer Wein beim Gelage (»Symposion«) tranken. Dabei sprachen die Symposiasten sicher auch über die auf den Trinkschalen dargestellten Mythen. Für diese Heroenbilder haben die Maler manche der alten Bildtechniken der Fokussierung weiterhin genutzt. Doch es kam ein auffälliges neues Phänomen hinzu: Die Taten der Heroen in der Bildmitte wurden nun sehr häufig von weiteren Figuren begleitet, die das Geschehen in der Mitte rahmen. Formal ähnelt diese Komposition den mehr als 100 Jahre älteren Szenen der Leichenaufbahrung. Dort stehen die Trauernden rechts und links von der Bahre. Es fällt aber auf, dass in den literarisch überlieferten Mythen solche Zuschauer nicht vorkommen. Nie wird darüber berichtet, dass jemand Herakles beim Löwenkampf oder beim Kampf mit dem Kentauren Nessos zusieht.

Ein weiteres Beispiel: Als der athenische Heros Theseus nach Kreta fährt, begleiten ihn junge Athenerinnen und Athener – sie sollen dem Minotauros, dem Unwesen aus Stier und Mensch, als Tribut geopfert werden. Theseus geht allein in das Labyrinth und tötet das Monster. Im Mythos sehen die athenischen Jugendlichen Theseus beim Kampf also nicht zu, geschweige denn stehen sie jubelnd daneben – so ist es aber auf Vasen des 6. Jahrhunderts v. Chr. dargestellt (Bild rechts). Die Forscher haben sich deshalb lange gefragt, wer mit den Zuschauerfiguren im Bild genau gemeint sei. Inzwischen befürworten die meisten Forscher

Theseus tötet den Minotauros – und die feine attische Gesellschaft sieht zu. Sie »bezeugt« seinen Sieg. Die griechische Amphore entstand um 550 v. Chr.

folgende These: Mit den Zuschauern wurden junge und alte Männer wie auch Frauen als Vertreter der vornehmen aristokratischen Gesellschaft fiktiv ins Bild geholt – eben die Gesellschaft, die diese Gefäße benutzte. Die Darstellung der Zuschauer entspricht genau jener auf anderen Bildern mit Mitgliedern der Elite. Auf diese Weise hat man die Heroen des Mythos eng mit ihren wirklichen Betrachtern verbunden. Umso interessanter ist es daher, zu erschließen, wie die Maler diese Beziehung genau inszeniert haben – wie sie Helden und Gegenwart in Verbindung brachten. Die Zuschauer rahmen in der Regel eine Heroenszene in der Bildmitte. Die Zentralisierung des Heros war also weiterhin ein Mittel zur Fokussierung, wie es schon die spätgeometrischen Maler nutzten. Nun aber fesselt der Heros nicht nur den Blick der Bildbetrachter, sondern auch den der Zuschauer im Bild. Sie sehen dem Heros zu und reagieren sogar auf seine Tat – als seien sie wirklich anwesend. Sie heben die Hände und halten Siegeskränze für den Helden bereit. Damit zollen sie ihm Anerkennung – sie sind die ersten Zeugen seiner Tat.

Die Zeugen erfüllen damit einen grundlegenden Faktor von Heldentum: Nur wenn jemand den Helden bezeugt, ihn anerkennt und über ihn berichtet, wird er tatsächlich zum Helden. Die griechischen Maler des 6. Jahrhunderts v. Chr. haben dafür ein neues Bildschema erfunden. Sie erzählten nicht nur von Helden und ihren Taten, sie erzählten auch davon, dass die vornehme Gesellschaft ihrer eigenen Zeit diesen Taten beiwohnt, sie bewundert und bezeugt – so wie es die Betrachter der Gefäße beim Gelage taten, die sich dabei die Mythen erzählten. Auf diese Weise zeigten die Maler, dass die Heldentat in den Augen aller Betrachter »wirklich geschehen« ist. Überdies haben sie die Tat so in Szene gesetzt, dass die Zuschauer im Bild sie als bedeutsam, bestimmte Taten auch als vorbildlich ansahen, denn mit ihrem Jubel heißen sie das Verhalten des Helden gut.

Aus solchen Bildern können wir Folgendes ableiten: Das Bild, das man sich im Griechenland des 6. Jahrhunderts v. Chr. von den Heroen machte, hatte sich verändert. Es waren nicht mehr nur Figuren, die als außerordentlich angesehen wurden, weil sie größer, besser und leistungsfähiger als andere waren, sondern weil und indem sie von anderen bewundert wurden. Man stellte sie nun als Figuren dar, deren Handeln man bewertete. Überdies wurden die Heroen durch die Zuschauerfiguren in die Mitte der Gesellschaft geholt. Die Maler jener Zeit schufen so in ihren Bildern ein besonderes Spannungsfeld: Sie hoben die Heroen hervor, indem sie sie in die Bildmitte rückten, ihre Namen nannten und sie mit Attributen kennzeichneten. Doch durch die Zuschauerfiguren thematisierten sie neben ihrer Außeralltäglichkeit auch ihre Nähe und das Sprechen über sie, die Bewunderung, die sie erfuhren.

Aus der neuen Darstellungsform für Heroen erfahren wir etwas über die Eliten, die sich diese Bilder und diese Heldenfiguren schaffen ließen. Verglichen mit dem 8. und frühen 7. Jahrhundert v. Chr. war der Konkurrenzkampf zwischen den Aristokraten um soziale Anerkennung und politische Macht stärker geworden. Die Mitglieder der Oberschicht versuchten immer mehr, sich gegenseitig zu überbieten – sei es im wirklichen Auftreten, sei es in ihren Vorbildern und der Pracht ihrer Keramik. Zudem standen sie als Einzelne in Konflikt mit den immer stärkeren Bürgergemeinschaften. Daran erkennen wir zweierlei Dinge: Die Eliten ließen sich nur indirekt in den Heroenbildern darstellen. Sie zeigten vielmehr, dass sie den außerordentlichen Heroen besonders nah seien. Noch mehr: Sie selbst garantierten erst den Ruhm dieser Heroen. Zugleich belegen die Bilder, dass es grundsätzlich der Zustimmung vieler, der Anerkennung und Bewertung durch andere bedarf, wenn eine Tat als heroisch angesehen werden sollte. Übertragen in die damalige Gegenwart heißt das: Die Betrachter der Bilder sahen sich selbst in einer Konkurrenz – untereinander und mit den Helden. Denn in den antiken »face-to-face«-Gemeinschaften stand jeder Aristokrat unter ständiger Kontrolle durch andere und unter ständigem Druck, die eigene soziale Position gegenüber den Mitbürgern zu stärken.

Die antiken Heldenbilder und ihre Vorläufer im 8. Jahrhundert v. Chr. liefern uns den Stoff, um die uns heute so fernen und fremden Gesellschaften des antiken Griechenlands besser zu verstehen. Denn für die Antike wie für heute gilt: Sag mir, welche Helden du hast, und ich sage dir, wer du bist. Die Ursprünge griechischer Heldenbilder zeigen uns aber auch: Sag mir, wie du deine Helden darstellst, und ich sage dir, was Heldentum für dich bedeutet. ◂

QUELLEN

Giuliani, L.: Bild und Mythos. Geschichte der Bilderzählung in der griechischen Kunst. C.H.Beck, 2003

Von den Hoff, R.: Odysseus in der antiken Bildkunst. In: Zimmermann, B. et al. (Hg.): Odysseus. Irrfahrten durch die Jahrtausende. Rombach, 2009

Von den Hoff, R.: Vom Heros erzählen. Visuelle Strategien der Heldennarration im antiken Griechenland. In: Wagner-Durand, E. et al. (Hg.): Image – Narration – Context. Visual Narration in Cultures and Societies of the Old World. Propylaeum, 2019

ÄGYPTEN
MIT ALEXANDER KAMEN DIE HELDEN

Als Alexander der Große den Nilstaat eroberte, veränderte er auch dessen Literatur. Erstmals erzählten ägyptische Autoren von Helden wie Ierau, der eine assyrische Invasion abwehrte.

OLAF PASCHEIT

Die Freiburger Althistorikerin **Sitta von Reden** leitete von 2011 bis 2015 den Arbeitskreis »Bedeutungswandel und mediale Vermittlung des Heroischen im interkulturellen Raum des Hellenismus« im Sonderforschungsbereich 948.

▸▸ spektrum.de/artikel/1682486

Eine seiner Reisen führte Herodot, den Pionier der europäischen Geschichtsschreibung, Anfang des 5. Jahrhunderts v. Chr. nach Ägypten. Später berichtete er einem staunenden Publikum von den beeindruckenden Monumenten, die er dort gesehen, und den Geschichten, die er dort gehört habe. Wie viele griechische Gelehrte bewunderte er die uralte Kultur des Nilstaats. Schon ab dem 7. Jahrhundert v. Chr. zog es Griechen in dessen Delta: als Kaufmann, Handwerker oder Söldner. Man blieb zwar weitgehend unter sich, tauschte aber Ideen und sogar Gottheiten aus. Beispielsweise galt der in der Oase Siwa mit einem Tempel und einem Orakel verehrte Hauptgott Ammon den Hellenen als Zeus. In einem wichtigen Punkt allerdings passten die Kulturen nicht recht zusammen: Während Heroen und ihre Kulte bei den Hellenen allenthalben Teil der religiösen Praxis waren, kannten die Ägypter dergleichen nicht. Erst die Machtübernahme durch Alexander den Großen 332 v. Chr. sollte hier einen Ideentransfer in Gang setzen.

Der griechische Kosmos war voller mythischer Heroen. Viele galten als Halbgötter, also als Abkömmlinge einer Vereinigung von Gottheit und Mensch. Mit Kräften versehen, die jene eines einfachen Menschen bei Weitem übertrafen, blieben sie gleichwohl sterblich, daraus speiste sich jeweils ihr Drama. »Da du mich geboren hast nur für ein kurzes Leben, so sollte Ehre doch Zeus mir verbürgen«, fleht Achill in der »Ilias« seine Mutter an, die Nymphe Thetis. Allein ewiger Ruhm vermochte das kurze Leben eines Halbgotts auszugleichen.

Heroen späterer Zeit waren historische Personen und somit nicht von göttlichem Geblüt, obendrein traten viele von ihnen nicht als überragende Krieger, sondern als Gesetzgeber, Stadtgründer und Olympiasieger aus der Masse hervor. Denn sie vollbrachten aus damaliger Sicht keineswegs profane Leistungen – Gesetze standen über den Menschen, und die Gewinner heiliger Spiele erlangten einen Ruhm, der sie in den Augen der Zeitgenossen ebenfalls zu Halbgöttern machte (siehe »Der tugendhafte Gesetzgeber« ab S. 62 und »Jenseits des Limits« ab S. 22).

Sowohl der mythologische Heros wie der Zivilisationsheros zeigten Licht- und Schattenseiten. Die schillernde Figur des Achill ist dafür ein Beispiel: Er verweigerte sich Agamemnon, dem Heerführer der Griechen, vor Troja, weil dieser ihn entehrt hatte – und gefährdete damit den gesamten griechischen Angriff auf Troja. Einige Zivilisationsheroen verstießen durch Völlerei oder Gewaltexzesse gegen die guten Sitten. Solche Brechungen waren im polytheistischen Glaubenssystem der Antike problemlos möglich, da es keine Dogmen kannte, nicht einmal allgemein verbindliche Lehren.

Das wiederum ermöglichte es Kultgruppen und Stadtstaaten, eigene religiöse Ideen mit den Heroen zu verbinden. Zum Beispiel wurde Herakles allenthalben als mythischer Held verehrt, in etlichen Städten aber zudem als

AUF EINEN BLICK
HELDENHAFTE UNRUHESTIFTER

1 Während Heroenkulte im griechischen Raum zur religiösen Praxis gehörten, waren sie Ägyptern fremd. Der Grund: Heldentaten beinhalteten meist Krieg und Umbruch, das Nilreich bevorzugte aber Stabilität.

2 Unter Alexander dem Großen und später den ptolemäischen Herrschern wurden Krieg und Kampf neu bewertet, Heldenerzählungen entstanden.

3 Dazu gehört der Sagenzyklus von Ierau, der Ägypten vor den Assyrern rettete, sowie Geschichten des Alexanderromans, einer fiktiven Biografie des Eroberers.

Als Drache verwandelt, besucht Pharao Nektanebo II. des Nachts die makedonische Königin Olympias und zeugt mit ihr Alexander den Großen (Illustration aus einem Alexanderroman des 14. Jahrhunderts).

AKG IMAGES / SCIENCE PHOTO LIBRARY

Heros, der den jeweiligen Ort einst gegründet habe und ihn nun schütze. König Agamemnon war nicht bloß eine Hauptfigur in den vielen Varianten des Troja-Mythos, er wurde auch an ihm zugeschriebenen Grabstätten als Heros kultisch verehrt. Der Reiseschriftsteller Pausanias (um 115–um 180) nannte in Griechenland sogar zahlreiche Gräber von längst vergessenen Helden, die lediglich von den im unmittelbaren Umland Lebenden verehrt wurden.

Aus Heroen wurden Götter

Ab dem 4. Jahrhundert v. Chr. erfuhr der griechische Heldenkult eine neuerliche Steigerung, wurden doch nun die Protagonisten obendrein zu Gottheiten erklärt. So verlangte Alexander der Große, nachdem er das persische Großreich unterworfen hatte, ihn dergestalt zu verehren. Damit trat er in die Tradition der achämenidischen Großkönige, deren Thron er nun besetzte. Das ermöglichte es außerdem, seinen Vertrauten Hephaistion 324/323 v. Chr. zum Heroen zu erheben, unter dem Gott Alexander.

Das Beispiel machte Schule, die Athener etwa feierten den Feldherrn Demetrios als Befreier, der ihre Stadt im Zuge der Diadochenkriege nach Alexanders Tod erobert hatte. Sie ehrten ihn mit Gesängen, Trankopfern und Prozessionen. Ein Hymnos pries: Demetrios sei nah, die Göttin Demeter – eine der wichtigsten Göttinnen des griechischen Pantheons – aber fern. Heroisierung erforderte keine übermenschlichen Qualitäten mehr und war somit leichter zu erreichen. Letztlich äußerte sich darin wohl ein Bedürfnis nach Glück, Schutz und Rettung. Statt auf ferne Gottheiten durfte man jetzt auf Menschen vor Ort bauen, die im Gegenzug religiöse Verehrung erfuhren.

Den Bewohnern des Niltals waren insbesondere Kriegerheroen fremd, wie der Heidelberger Ägyptologe Jan Assmann 2009 erkannte. Lediglich Seth teilte gewisse Züge dieses Heldentyps: Als Gottheit der Wüste, des Chaos und des Verderbens war er »Herr der Kraft«, verkörperte rohe Gewalt und Wettstreit. Seth hatte seinen Bruder Osiris ermordet und machte dessen Sohn Horus die Thronfolge streitig. Doch der Ausgang des Zwists war typisch für Ägypten: Horus setzte sich durch, errichtete eine Rechtssphäre und ächtete alle brutale Gewalt.

Demgemäß genossen auf den Sieg orientierte Ideale keine Wertschätzung in der ägyptischen Gesellschaft. Die strebte vielmehr nach Integration, Gemeinschaft und Stabilität. Für Veränderung, Zerstörung und Wandel, in Griechenland oftmals den Heroen und ihren Taten zugeschrieben, gab es keinen Anlass. Die großen Wendpunkte ihrer Geschichte verstanden die Ägypter laut Assmann als die Geburten neuer Gottheiten. Seit dem Ende des Mittleren Reichs (1295–1069 v. Chr.) gehörten deshalb so genannte Geburtshäuser zu den großen Tempeln – Heiligtümer, in denen nach ägyptischer Vorstellung Götter in die Welt kamen. Zwar führten Pharaonen Krieg und wurden dafür geehrt – »der Pharao erschlägt die Feinde« zählt zu den häufigsten Bildmotiven der Tempelreliefs –, aber diese Unternehmungen dienten über Jahrhunderte vor allem der Grenzsicherung. Lediglich im Neuen Reich (1550–1069 v. Chr.) standen Expansionskriege auf der Agenda.

Zudem beinhaltete das ägyptische Weltbild eine feste Grenze zwischen Göttern und Menschen – es gab also keinen Ort für Halbgötter. Diese Regel kannte nur eine Ausnahme: Das Gottmenschentum war ein Alleinstellungsmerkmal des Pharaos. Der stammte nämlich seit seiner Thronbesteigung von Amts wegen auch vom Reichsgott Ammon ab. Er vollbrachte wohltätige Taten, erließ Gesetze und gründete Tempel. Somit vereinte er in seiner Person Aspekte des mythologischen Kriegerhelden der Hellenen wie solche ihrer Zivilisationsheroen. In der ägyptischen Spätzeit (etwa 664–332 v. Chr.) und unter den darauf folgenden Ptolemäern (332–30 v. Chr.) richtete sich beispielsweise die Hoffnung, das zerrissene Land zu heilen, auf Angehörige der jeweiligen Dynastie.

Wie der Pharao als einziger Ägypter Aspekte des Heroischen griechischer Lesart von Amts wegen in sich vereinte, verkörperte umgekehrt Alexander der Große (356–323 v. Chr.) in seiner Person die ägyptischen Vorstellungen mit den griechischen Heroenidealen. 332 v. Chr. befreite er das Nilreich von persischer Herrschaft – so berichten es zumindest seine Biografen. 150 Jahre lang war es von den Achämeniden kontrolliert worden, lediglich von 359 bis 341 v. Chr. erfreute es sich unter Nektanebo II. noch einmal der Eigenständigkeit. Die Jahre seit der persischen Rückeroberung waren von Revolten und Strafexpeditionen geprägt gewesen, weshalb Alexander den Pharaonenstaat angeblich kampflos übernehmen konnte (siehe »Befreier mit Hintergedanken«, **Spektrum** Spezial Archäologie Geschichte Kultur 1/2019, S. 32).

Der Makedone befolgte die für einen Pharao obligatorischen Rituale: Er opferte dem heiligen Apis-Stier in Memphis und ließ sich vom Orakel in Siwa als Sohn des Ammon bestätigen (siehe »Im Haus der Ratschläge«, **Spektrum** Spezial Archäologie Geschichte Kultur 1/2019, S. 38). Letzteres war laut dem Haller Althistoriker Stefan Pfeiffer notwendig, um einen Herrscher zu legitimieren, der keiner dynastischen Linie entstammte. Dank der Ammon-Priester war Alexander in den Augen der Ägypter mit der nötigen göttlichen Kraft ausgestattet, um ihrem Land Frieden und Wohlstand zu bringen. Erst damit hatte er auch das Recht, Steuern zu erheben und die Staatskasse zu füllen. Vermutlich hatten auch die achämenidischen Großkönige Wege gefunden, eine solche Abstammung rituell zu demonstrieren, doch schweigen sich die meist perserfeindlichen ägyptischen Dokumente darüber aus.

Den alten Ägyptern galten Frieden und Ordnung als höchstes Ziel. Der Falkengott Horus hatte ihrer Religion nach einst Gewalt und Chaos geächtet (hier eine Darstellung mit Pharao Nektanebo II.).

AKG IMAGES

Alexander, Nachfahre des Ammon

Das Orakel von Siwa spielte zudem für den Griechen Alexander eine große Rolle. Die Identifikation des Ammon mit Zeus hatte, wie erwähnt, bei den Hellenen Tradition. Schon Herakles soll es aufgesucht haben, ebenso Peleus, der legendäre König der Myrmidonen und Vater des Achill. Damit wurde ein Besuch Siwas für Alexander zur Pflicht, rechnete das makedonische Herrscherhaus doch den Zeussohn Herakles zu den Ahnen väterlicherseits, Achill zu denen der mütterlichen Linie.

Eine angeblich göttliche Abstammung war für antike Königsgeschlechter nichts Ungewöhnliches, aber Alexander knüpfte daran sein Lebensziel: Er inszenierte sich nach den Vorbildern dieser mythischen Ahnen immer wieder als Gott-Heros, sei es in Skulpturen, dem Hofzeremoniell oder mit dem Wagemut, mit dem er sich stets in der vordersten Schlachtreihe auf seine Gegner stürzte (siehe »Bilder, Mythen, Wirklichkeit«, **Spektrum** Spezial Archäologie Geschichte Kultur 1/2019, S. 62). Dass auch er ein Sohn des Zeus sein sollte, dokumentiert ein Tempel an einer wichtigen Wegkreuzung in der Oase Bahariya, der für den Makedonen wohl noch zu seinen Lebzeiten errichtet wurde. Neben einer Kartusche, die seinen Namen und Titel in Hieroglyphen wiedergab, verrät eine griechische Inschrift: »König Alexander (weiht dies) seinem Vater Ammon.« Das Orakel von Siwa bestätigte somit nach griechischem Verständnis vor allem Alexanders militärische Leistungen, in denen er den Halbgöttern gleichkam, nach ägyptischem seine Legitimation als Pharao.

Diese Doppelfunktion betonte auch Ptolemaios, einer der Generäle des Makedonen und in den Kriegen um sein Erbe einer der Hauptgewinner. Als Alexanders Reich nach seinem Tod 323 v. Chr. aufgeteilt wurde, wurde Ptolemaios Satrap – Statthalter – von Ägypten. 306 v. Chr. erhoben seine Soldaten ihn zum König. Damit begann die Dynastie der Ptolemäer, die mit Kleopatra VIII. erst in römischer Zeit endete. Freilich musste Ptolemaios I. ebenfalls seine Herrschaft über Ägypten rechtfertigen.

Unter anderem ließ er dazu Münzen prägen, die Alexander mit dem Symbol des Ammon zeigten, einem Widderhorn, und mit der Aigis der griechischen Göttin Athene, einem Ziegenfell, das ihr dem Mythos zufolge göttliche Macht verlieh. Mit diesem Akt erinnerte der neue Herrscher an Alexanders Legitimation als von den Göttern abstammender Pharao und erwies sich selbst als dessen legitimer Nachfol-

Wer über Ägypten herrschen wollte, musste die Pflichten eines Pharaos erfüllen. Das galt auch für die griechische Ptolemäer-Dynastie. Ein Relief aus dem Tempel von Kom Ombo zeigt Ptolemaios VI., der den Göttern opfert.

AKG IMAGES / BILDARCHIV STEFFENS

ger. Obendrein gab er sich den griechischen Beinamen »Soter« – Retter – und erneuerte offenbar das erwähnte Heilsversprechen.

Auf diese und ähnliche Weise demonstrierten die ptolemäischen Könige ihren ägyptischen Untertanen Göttlichkeit, während sie sich gegenüber der wachsenden griechischen Elite Ägyptens als traditionelle Helden in Szene setzen: jenseits der Reichsgrenzen durch Eroberungen, innerhalb etwa durch Wohltaten, Stadtgründungen und Gesetze. Am Königshof erlebte das heroische Epos eine Renaissance. Beispielsweise wurde der Sagenkreis um Jason, der mit seinen Gefährten das Goldene Vlies und damit die Königswürde erringt, mehrfach nachgedichtet, wobei sich Ptolemaios II. (regierte 285–246 v. Chr.) durch Anspielungen als Jason ins Spiel brachte.

Diese heroisch aufgeladene politische Kultur der griechischen Besatzer beeinflusste die ägyptische Elite und Bevölkerung. Zum einen in institutionalisierter Weise: In ritualisierten Zusammenkünften verhandelten Priester mit den Königen in Alexandria über die Verteilung von Steuereinnahmen, über Kulte und Feste; insbesondere in Unterägypten stützte die Priesterschaft die ptolemäische Dynastie. Bis in die religiöse Praxis aller Schichten griff Ptolemaios II. ein: Nach dem Tod seiner Frau und leiblichen Schwester Arsinoë II. um 279 v. Chr. ließ er für sie einen staatlich finanzierten Kult in allen ägyptischen Tempeln einrichten. Darin wurde sie nicht nur als vergöttlichte Königsgemahlin verehrt, sondern auch als Muttergöttin Isis, manchmal auch als Hathor in Kuhgestalt. Spätestens ab Ptolemaios IV. (regierte 221–204 v. Chr.) zogen alle griechischen Könige in die Gotteshäuser ein. Doch obwohl sie als Pharaonen galten, stellten sie sich nicht in die Ahnenreihe früherer Könige bis zu den Anfängen Ägyptens, wie diese es getan hatten. Vielleicht wollten die Ptolemäer damit den Anbruch einer neuen Zeit betonen.

Zugleich entwickelte sich eine schriftliche Literatur, die wahrscheinlich auf mündliche Überlieferungen zurückging, nun von ägyptischen Schreibern auf Papyrus gebracht wurde. Was aus Tempelbibliotheken erhalten ist, dokumentiert deshalb indirekt, wie reichhaltig die Geschichten schon in altägyptischer Zeit gewesen war – trotz der Mündlichkeit. Die Schriftform machte sie zwar nur einer lesekundigen ägyptischen Oberschicht zugänglich. Aber man geht davon aus, dass es öffentliche Rezitationen gab, an denen breitere Bevölkerungskreise teilnahmen.

Ierau, der Retter Ägyptens

Die meisten der heute bekannten Texte müssen noch erforscht werden, jedoch zeichnet sich bereits jetzt ein kultureller Austausch ab: Die Ägypter entdeckten das Heldengenre für sich, die Griechen die altägyptischen Geschichten. Nach 100 Jahren ptolemäischer Herrschaft ließ sich ohnehin nur noch schwer zwischen beiden Ethnien unterscheiden. Lediglich über den Gebrauch der Sprache und über religiöse Zugehörigkeit verhielt man sich als Grieche oder Ägypter.

Besonders umfangreich ist der ägyptische Sagenzyklus um den Protagonisten Ierau überliefert, in griechischen Versionen der Erzählungen Inaros genannt. Der Heidelberger Ägyptologe Joachim Friedrich Quack vermutet, dass dieser Held auf einen Lokalfürsten der Stadt Athribis im Nildelta zurückgeht. Laut dem Sagenkreis rettete er Ägypten vor dem Untergang. Eine assyrische Zauberin, verwandelt in einen riesigen Greif, verwüstet Siedlungen am Roten Meer, doch Ierau tötet sie – dank einer Prophezeiung gewappnet. Aus der Haut der Bestie fertigt er sich eine magische Rüstung, und die treibt die Geschichte weiter voran, auch über Ieraus Tod hinaus.

Denn sein Sohn Pami erbt die besondere Wehr, doch die Götter provozieren Wertamenne, einen rivalisierenden

Der »Papyrus Krall« aus dem 2. Jahrhundert n. Chr. enthält auch die Legende von Ierau, in demotischer Schrift verfasst.

Fürsten aus dem benachbarten Mendes, bis er sie entwendet. Pami gewinnt andere Fürsten, darunter seinen Bruder Monthbaal, als Verbündete, und am Gazellensee treffen die Heere aufeinander.

Inmitten des Schlachtgetümmels kommt es zu einem für die Heldenliteratur typischen Duell, das auf dem in Tebtunis ausgegrabenen und in demotischer Schrift verfassten so genannten »Papyrus Krall« aus dem 2. Jahrhundert n. Chr. erhalten ist (siehe Bild oben): »Sie fanden ihn, wie er mit Wertamenne kämpfte. Pami brachte sich an ihn mit einem Wegreißen des Schilds, mit Stoßen des Schildbuckels, mit kraftvollem Arm. Er trat mit dem Fuß nach vorn aus und warf ihn zu Boden. Er erhob seine Hand mit dem Schwert, wie um ihn zu vernichten. Monthbaal sagte: ›Oh nein, mein Bruder Pami! Halt deine Hand zurück, bis wir erneut Rache an ihnen nehmen, denn der Mensch ist kein Schilf, das man abschneidet und es wächst nach.‹« (Übersetzung Joachim Friedrich Quack). Wie Homers trojanischer Sagenzyklus betont auch der ägyptische Text die Kürze des Lebens als ein Kennzeichen menschlicher Existenz. Und wie bei Homer verhilft deshalb die ehrenvolle Rache und nicht das bloße Töten dem Helden zu Ruhm.

Manche Forscher vermuteten daher schon direkte Einflüsse Homers, aber diese Deutung greift zu kurz. Vielmehr entwickelten sich die heroischen Erzählungen Ägyptens in einem sowohl außen- wie innenpolitisch durch Krieg und Gewalt aufgeladenen sozialen Milieu. Noch lange nach seiner Übernahme Ägyptens musste Ptolemaios I. seinen Anspruch gegen andere Diadochen – zu Herrschern aufgestiegenen ehemaligen Militärs Alexanders des Großen – durchsetzen und immer wieder verteidigen. In den frühen Regierungsjahren Ptolemaios' III. (regierte 246–222 v. Chr.) brachen zudem erste Revolten unter der Bevölkerung aus. Nach der Schlacht von Raphia 217 v. Chr. gegen die Seleukiden berichten Überlieferungen von weiteren Revolten, diesmal seitens ägyptischer Militärs, die zuvor wiederbewaffnet worden waren.

205 v. Chr. löste sich ganz Unterägypten von der ptolemäischen Herrschaft. Texte an den Tempeln von Philae und Edfu erzählen von verwüstetem Land und brach liegenden Äckern. Kriegserfahrungen inspirierten ägyptische Autoren vermutlich zu Geschichten von Untergang und Chaos, aber auch von Freiheitshelden und Rettern, die zu Bewunderung und Nachahmung anregten. Diese Erzählungen mögen aus einer Haltung des Widerstands ihre Anziehungskraft bezogen haben. Sie entwickelte sich aber nicht nur im ägyptischen Milieu oder im Umfeld des Widerstands.

Auch der so genannte Alexanderroman, der Geburt, Feldzüge, Heldentaten und Tod Alexanders des Großen fantasievoll ausschmückte, wurzelt in der Literatur des Nilstaats. In dieser Komposition verschmolzen die von den Biografen des Makedonen überlieferten Informationen mit einigen wohl bald nach seinem überraschenden Ableben aufgekommenen Mythen und Legenden. Philologen vermuten, dass in den Jahrhunderten der griechischen und römischen Herrschaft über Ägypten viele Versionen des Romans kursierten. Spätestens im 3. Jahrhundert n. Chr. gelangten einige über Syrien in den Mittleren Osten und über das lateinisch sprechende Europa nach Italien und Frankreich, wo sich der Roman noch im hohen Mittelalter großer Beliebtheit erfreuten.

Wer war Alexanders Vater?

Forscher haben versucht, die Herkunft seiner Motive zu identifizieren und zeitlich einzuordnen. Beispielsweise entdeckte Richard Jasnow, Experte für die Spätzeit Ägyptens an der Johns Hopkins Krieger School of Arts & Sciences in Chicago, in der Erzählung über Alexanders Zeugung und Geburt aufschlussreiche Sprachkonstruktionen – diese Episode basiert offenbar auf der Übersetzung einer ägyptischen Quelle des 3. Jahrhunderts v. Chr.

Auch Alexanders Abkunft von Zeus/Ammon war ein Thema. Da Alexander nicht der leibliche Sohn des letzten ägyptischen Pharaos Nektanebo gewesen war, stand seine göttliche Abkunft offenbar durchaus in Frage. Der Roman behalf sich mit einer geschickten Fiktion. Der Eroberer sei nämlich in Wahrheit kein Sohn Philipps II. von Makedonien gewesen, sondern des Nektanebo. Bevor die Perser ihn aus seiner Heimat vertrieben, habe ein Orakel prophezeit, es werde bald ein jugendlicher König kommen und die persische Fremdherrschaft beenden.

Nektanebo flieht im Roman inkognito an den Hof des makedonischen Königs Philipp II., wo er sich als Magier Renommee erwirbt. Verzweifelt bittet Königin Olympias deshalb um seine Hilfe: Ihr Mann verweigert sich im Bett, und sie wünscht sich sehnlichst ein Kind. Um sich zu rächen, so der Rat des Magiers, solle sie mit dem Gott Ammon schlafen. Der werde ihr in Gestalt einer Schlange mit goldenem Widderhorn erscheinen.

Tatsächlich begehrt Nektanebo selbst die schöne Herrscherin. Er verkleidet sich wie beschrieben und schleicht des Nachts in ihr Gemach. Olympias findet am Beischlaf mit dem vermeintlichen Ammon Gefallen und empfängt ihn nun regelmäßig, während ihr Mann auf Kriegszug ist. Als sie schwanger wird, fürchtet sie freilich Philipps Rückkehr. Dank Nektanebos Zauberei träumt dieser aber, seine Frau habe mit einem Gott verkehrt und trage nun dessen Nachkommen. Wütend eilt der König an seinen Hof zurück, angesichts der Schwangerschaft Olympias hoch erzürnt. Doch auf einem Fest anlässlich seiner Rückkehr erscheint zum Entsetzen aller eine große Schlange. Nur Olympias zeigt keine Furcht. Friedlich windet sich die Bestie an ihrem Stuhl empor, legt sich auf ihren Schoß und küsst sie züngelnd. Da akzeptiert Philipp sein Traumgesicht als Wahrheit und erkennt die Schwangerschaft an.

Mag die Geschichte Spott über einen gehörnten Ehemann enthalten, dazu die Anerkennung eines listigen Helden vom Schlag des homerischen Odysseus, ist sie doch auch voller Heilserwartungen: das Orakel, das einen Befreier Ägyptens prophezeit; die Schlange, sowohl in Griechenland wie am Nil lange Zeit ein Symbol für ein glückliches Schicksal; die Geburt eines – wenn auch nur vermeintlich – göttlichen Sohns.

Gleichzeitig gehört die Erzählung der populären Literatur an, die sich in einem griechisch-ägyptischen Umfeld verbreitete und ihren Weg in die griechische Übersetzung fand. Sie verband die Herrschaftssymbolik der Ptolemäer, der zufolge Könige als gottgleiche Herrscher, Retter und Sieger im Krieg Glück und Segen für das Land brachten, mit der Königsideologie der Ägypter, nach der alle Pharaonen in einer ungebrochenen Linie von den Göttern abstammten. Gleichzeitig kombinierte sie die Erhabenheit der göttlichen Abstammung mit dem populären Motiv des täuschenden Liebhabers im Schlafzimmer. In diesem Rahmen erscheint Alexander als eine transkulturelle Heldenfigur: halb Gott, halb Mensch; Grieche und Ägypter.

Sieg und Niederlage, Besetzung und Widerstand ergeben den Nährboden für Geschichten über Heroen. Dabei werden interkulturelle Verflechtungen sichtbar, denn Sieger und Besiegte beeinflussen das Denken des jeweils anderen. Die Figur eines Helden ist ein geeignetes Mittel, sich in einer heterogenen Gemeinschaft die jeweiligen Spannungen, Hoffnungen, Ängste und Weltentwürfe gegenseitig zu vermitteln. Heroen sind Identifikationsfiguren, die zum Handeln und Nachahmen anregen; auch das kann Grenzen überschreiten. Ob sich Griechen und Ägypter durch die Ierau-Sagen oder den Alexanderroman tatsächlich näherkamen, ist freilich schwer zu beurteilen. Beide Ethnien lassen sich in der historischen Rückschau angesichts von Eheschließungen und integrationswilligen Individuen ohnehin kaum unterscheiden. Immerhin gab es Möglichkeiten, sich selbst über kulturelle Distanzen hinweg für dieselben Heldengeschichten zu begeistern. ◂

QUELLEN

Assmann, J.: Der Mythos des Gottkönigtums im Alten Ägypten. In: Schmitz, C., Bettenworth, A. (Hg.): Mensch – Heros – Gott. Weltentwürfe und Lebensmodelle im Mythos der Vormoderne. Franz Steiner, 2009, S. 11–25

Pfeiffer, S.: Herrscher und Dynastiekulte im Ptolemäerreich. C.H.Beck, 2008

Quack, J.F.: Einführung in die altägyptische Literaturgeschichte III: Die demotische und gräko-ägyptische Literatur. LIT, 2016

Spektrum der Wissenschaft

Chefredakteur: . Dr. Daniel Lingenhöhl (v.i.S.d.P.)

Redaktionsleiter: Dr. Hartwig Hanser

Redaktion: Mike Beckers (stellv. Redaktionsleiter), Manon Bischoff, Robert Gast, Dr. Andreas Jahn, Dr. Klaus-Dieter Linsmeier (Koordinator Archäologie Geschichte), Karin Schlott, Dr. Frank Schubert, Verena Tang, E-Mail: redaktion@spektrum.de

Art Direction: Karsten Kramarczik

Layout dieses Hefts: Claus Schäfer

Schlussredaktion: Christina Meyberg (Ltg.), Sigrid Spies, Katharina Werle

Bildredaktion: Alice Krüßmann (Ltg.), Anke Lingg, Gabriela Rabe

Redaktionsassistenz: Katharina Boehm, Andrea Roth

Verlag: Spektrum der Wissenschaft Verlagsgesellschaft mbH, Postfach 104840, 69038 Heidelberg, Hausanschrift: Tiergartenstraße 15–17, 69121 Heidelberg, Tel.: 06221 9126-600, Fax: 06221 9126-751, Amtsgericht Mannheim, HRB 338114

Geschäftsleitung: Markus Bossle

Herstellung: Natalie Schäfer

Marketing: Annette Baumbusch (Ltg.), Tel.: 06221 9126-741, E-Mail: service@spektrum.de

Einzelverkauf: Anke Walter (Ltg.), Tel.: 06221 9126-744

Leser- und Bestellservice: Helga Emmerich, Sabine Häusser, Ilona Keith, Tel.: 06221 9126-743, E-Mail: service@spektrum.de

Vertrieb und Abonnementverwaltung: Spektrum der Wissenschaft Verlagsgesellschaft mbH, c/o ZENIT Pressevertrieb GmbH, Postfach 810680, 70523 Stuttgart, Tel.: 0711 7252-192, Fax: 0711 7252-366, E-Mail: spektrum@zenit-presse.de, Vertretungsberechtigter: Uwe Bronn

Bezugspreise: Einzelheft »Spezial«: € 8,90 (D) / € 9,70 (A) / € 8,90,– (L)/ sFr. 14,– zzgl. Versandkosten. Im Abonnement € 30,80 für 4 Hefte; für Studenten (gegen Studiennachweis) € 25,60. Bei Versand ins Ausland werden die Mehrkosten berechnet. Alle Preis verstehen sich inkl. Umsatzsteuer. Zahlung sofort nach Rechnungserhalt. Konto: Postbank Stuttgart, IBAN: DE52 6001 0070 0022 7067 08, BIC: PBNKDEFF

Anzeigen: Karin Schmidt, Markus Bossle, E-Mail: anzeigen@spektrum.de, Tel.: 06221 9126-741

Druckunterlagen an: Natalie Schäfer, E-Mail: schaefer@spektrum.de

Anzeigenpreise: Gültig ist die Preisliste Nr. 40 vom 1.1. 2019.

Gesamtherstellung: L.N. Schaffrath Druckmedien GmbH & Co. KG, Marktweg 42–50, 47608 Geldern

ISSN 2195-3856 ISBN 978-3-95892-374-4

SCIENTIFIC AMERICAN
1 New York Plaza, Suite 4500, New York, NY 10004-1562, Acting Editor in Chief: Curtis Brainard, President: Dean Sanderson, Executive Vice President: Michael Florek, Vice President Magazines: Stephen Pincock

ATHLETEN
JENSEITS DES LIMITS

In der Antike wurden erfolgreiche Sportler für ihre Leistungen als Helden verehrt – und zugleich kritisiert. Denn die schillernden Gestalten überschritten die Grenzen damaliger guter Sitten.

Sebastian Bauer ist Doktorand am Seminar für Alte Geschichte der Albert-Ludwigs-Universität Freiburg. Er forscht über das Phänomen der Heroisierung und über Emotionen in den Werken des griechischen Schriftstellers Plutarch.

▸▸ spektrum.de/artikel/1682492

Erschöpft sitzt er da, die Arme auf den Oberschenkeln abgestützt, die linke Hand schützend über die rechte gelegt. Den Kopf hat der bärtige Mann zur Seite gewendet, der Blick geht nach oben. Sein Gesicht ist übel zugerichtet. An den Wangen, der Nase und der Stirn rinnt aus vielen Wunden Blut. Die Nase ist krumm und zerschlagen, auch die Ohren sind geschwollen und blutig. Er ist nackt, nur die Hände und Arme sind mit Bandagen, den so genannten »himantes« umwickelt. Das sind Lederriemen, die an den Fingerknöcheln Eisengewichte fixieren. Die Eisen sind zusätzlich von einem scharfkantigen Leder umschlossen und haben den Zweck, dem Gegner im Kampf schwere Treffer zuzufügen. Die Wunden im Gesicht des Mannes lassen erahnen, dass er selbst harte Schläge einstecken musste. Die »himantes«, das von Platzwunden übersäte Gesicht, die muskulöse Statur – all das zeigt deutlich, dass es sich bei dem Mann um einen Faustkämpfer handelt.

Der »Mann« ist eigentlich eine Bronzestatue, die 1885 auf dem Quirinal in Rom ans Licht kam. Wie alt die Plastik ist, darüber sind sich die Experten nicht einig. Manche plädieren für eine Entstehung am Ende des 4. Jahrhunderts v. Chr., andere erkennen darin eine Figur aus dem 1. Jahrhundert v. Chr. Einige setzen das Datum irgendwo dazwischen an. Auch wer genau dargestellt ist, gilt längst nicht als ausgemacht. Ist es das Abbild eines antiken Sportlerstars? Oder ist ein namenloser Schwerathlet gemeint? Einige Forscher sehen im Boxer vom Quirinal einen mythischen Kämpfer. Sicher ist jedoch: Der Faustkämpfer ist nicht nur eine der wenigen griechischen Bronzeoriginale aus der Antike, sondern auch eine sehr wirklichkeitsnahe und drastische Darstellung des antiken Sports. Zwar bleibt offen, ob die Statue einen siegreichen oder unterlegenen Boxer zeigt, aber unabhängig davon überrascht die schonungslose Wiedergabe eines zerschlagenen Gesichts und erschöpften Körpers. Kein strahlender Sportlerheld ist zu sehen, sondern ein von Strapazen und Schmerzen gezeichneter Mann. Seine Disziplin, der Faustkampf, hat es in sich: Die meisten Treffer landete man am Kopf, und es wurde so lange gekämpft, bis einer aufgab, nicht mehr konnte oder – was selten geschah – starb.

Der Faustkämpfer vom Quirinal gibt Rätsel auf. Welches Bild hatten die Menschen der Antike von den Athleten? Waren es nicht diese sportvernarrten Griechen, die die Olympischen Spiele begründet hatten? Warum stellten sie dann einen körperlich ruinierten Sportler dar? Oder entspricht unser moderner Blick vielleicht gar nicht der antiken Sichtweise? Was wissen wir überhaupt über die Sportler und ihr Ansehen in der griechischen und römischen Antike?

Sportfeste der Antike

Stichwort Olympische Spiele. In der Antike fanden diese sportlichen Wettkämpfe im Heiligtum des Zeus in Olympia statt. Alle vier Jahre strömten Athleten und tausende Zuschauer aus der gesamten griechischen Welt auf die Halbinsel Peloponnes. Solche Agone – von griechisch »agon«, Wettstreit – gab es im ganzen antiken Mittelmeerraum: am Isthmos bei Korinth, in Nemea, in Delphi – zusammen mit Olympia feierte man an diesen griechischen Orten die panhellenischen Spiele – und an unzähligen anderen regionalen Sportstätten. Die Wettkämpfe fanden stets in Heiligtümern zu Ehren von Heroen und Göttern statt.

Mit dem steten Vordringen des Römischen Reichs etablierten sich auch auf italischem Boden renommierte Sportfeste wie die »Sebasta« in der ursprünglich griechischen Kolonie Neapel. Das Sportevent wurde um die Zeitenwende zu Ehren des römischen Kaisers Augustus gegründet. Am Ende des 1. Jahrhunderts n. Chr. führte

Der Faustkämpfer vom Quirinal kam 1885 in Rom ans Licht. Die Bronzestatue zeigt einen Boxer nach dem Kampf mit zerschundenem Gesicht. Die Figur entstand zwischen dem späten 4. und 1. Jahrhundert v. Chr.

Kaiser Domitian in Rom Spiele ein, die »Capitolia«. Die Faszinationskraft der griechischen Sportfeste hatte also auch die römische Welt ergriffen.

Bei den großen griechischen Agonen stritt man anfangs um nicht mehr als Siegeskränze, Äpfel oder Tannenzweige. Geld oder gar Goldmedaillen gab es (noch) nicht. Manchmal wie bei den Panathenäen in Athen waren als Siegespreis spezielle Amphoren mit feinstem attischem Olivenöl ausgelobt. Wer Vasen und Öl verkaufte, konnte so einen monetären Gewinn aus seinem Erfolg erzielen. Da die Athleten meist aus wohlhabenden Familien stammten, finanzierten sie ihren Sport selbst. Ihnen wurden aber im Fall eines Erfolgs von ihrer Heimatstadt besondere Ehren zuteil, etwa die tägliche Verköstigung auf Staatskosten. Bei den Spielen ging es also vornehmlich um Ruhm und Anerkennung – zu siegen und somit der Beste zu sein. Das Ziel eines Athleten war nicht nur als »hieronike«, als Sieger bei einem der Agone ausgerufen zu werden, sondern sich als »pleistonike«, als Vielsieger, unter allen Athleten hervorzutun.

Den Ruhm zu mehren, dabei halfen auch Dichter. Einer von ihnen war Pindar. Er verfasste im 5. Jahrhundert v. Chr. Siegeshymnen auf erfolgreiche Athleten. Seine Werke waren Auftragsarbeiten von Gönnern oder den Athleten selbst. Pindar versetzt in den Hymnen die siegreichen Athleten in die Nähe antiker Heroen wie Herakles, der im Mythos nicht nur mit Menschen gerungen hat, sondern auch mit dem unverwundbaren Löwen von Nemea.

Für den lebenslangen Ruhm eines Wettkämpfers sorgte zudem das Aufstellen einer Statue – entweder in seiner Heimatstadt oder am Ort seiner Triumphe. Wie Funde von Inschriften und antike Schriftquellen bezeugen, muss das Heiligtum von Olympia voll mit solchen Siegermonumenten gewesen sein. Auf ihnen wurden nicht nur der Name des Siegers und seine Leistungen festgehalten, sondern auch seine Herkunft spielte eine besondere Rolle. So war beispielsweise der Name der kleinasiatischen Stadt Smyrna, dem heutigen Izmir in der Türkei, untrennbar mit Onomastos, dem ersten Olympiasieger im Boxen 688 v. Chr. verbunden. Noch annähernd 1000 Jahre nach diesem legendären Erfolg erinnerte der griechische Gelehrte Philostratos (»Gymnastikos«, Kapitel 12) im frühen 3. Jahrhundert n. Chr. begeistert an dieses Ereignis: »Alle Städte Ioniens und Lydiens, alle Städte am Hellespont und in Phrygien, alle Volksstämme, die in Asia leben, sie alle überflügelte Smyrna mit einem Schlag und erlangte als erste (Stadt) einen olympischen Siegeskranz.«

Das Beispiel führt vor Augen, wie der Ruhm eines Sportlers untrennbar mit dem seiner Heimat, seiner Polis, verbunden war. Viele griechische Städte honorierten die Leistung eines herausragenden Athleten daher auch mit dem Titel eines Ehrenbürgers der Stadt. Damit war klar: Ein Athlet siegte nicht nur für sich, sondern stellvertretend für die Gemeinschaft, die hinter ihm stand. Sportliche Erfolge konnten so damals wie heute zu Identifikationsfaktoren werden. Und der Sportler zu demjenigen, mit dem man sich identifizierte.

Ein antikes Zeugnis beschreibt anschaulich die Begeisterung der Menge und die Verehrung, die einem siegreichen Athleten vom Publikum entgegengebracht wurde. Ein Läufer, so heißt es bei dem Griechen Dion Chrysostomos (Rede 9, 14) im 1. Jahrhundert n. Chr., verließ nach einem grandiosen Lauf die Rennbahn – »umringt von viel Volk und nicht mehr auf der Erde gehend, sondern von der Menge auf den Schultern getragen. Die einen folgten ihm jubelnd, während andere Freudensprünge machten und die Hände zum Himmel hoben, wieder andere überschütteten ihn mit Girlanden und Bändern.« Die antike griechische Gesellschaft war förmlich besessen von Heroisierung und Heldentum. Und wie diese Textpassage belegt, waren die antiken Sportler eines der deutlichsten Merkmale dafür.

Das Konzept der Heroisierung war im sportlichen Wettkampf selbst angelegt: Ging es doch darum, immer der Erste zu sein, etwas zum ersten Mal getan zu haben, andere und überhaupt Grenzmarken zu überbieten. Die Sportler adaptierten damit einen Grundsatz, mit dem schon Homer seine Helden in der »Ilias« auszeichnete. Dort heißt es im

Zwei Boxer liefern sich einen heftigen Kampf. Offenbar hart getroffen, strömt dem linken Blut aus der Nase. Auf dem Hals der 2550 Jahre alten Amphore sind Ringer und Schiedsrichter abgebildet.

6. Gesang, Zeile 208: »Immer der Erste zu sein und herauszuragen unter allen.« Und gerade in sportlichen Wettkämpfen konnte die homerische Oberschicht diesem Ideal auch in friedlichen Zeiten entsprechen. Jeder Heros konnte sich so von den ebenbürtigen Standesgenossen »unterscheiden«. Eine Formulierung die Homer oft verwendete, wenn es im Epos um heroische Themen geht.

Die »Ilias« liefert die erste literarische Beschreibung sportlicher Wettkämpfe. Anlässlich der Leichenfeier des Patroklos treten die Helden in einen Wettstreit im Wagenfahren, Ringen und Boxen (23. Gesang, ab Zeile 257). Auch der kaiserzeitliche Autor Philostratos verortet die körperliche Ertüchtigung an sich in eine mythische Zeit: Heroen wie Peleus, Theseus und Herakles, die alle außerordentliche physische Kräfte durch ihre Abstammung von einem göttlichen Vater besitzen, charakterisiert Philostratos als Athleten. Überdies führte der Autor einige antike Disziplinen auf einen heroischen Gründer zurück: So habe Tydeus, einer der Sieben gegen Theben, den Waffenlauf in Hoplitenrüstung eingeführt. Theseus, der mythische Gründer Athens, wurde mit dem Ringen in Verbindung gebracht und Herakles galt als Ringer und Patron aller Athleten.

Es war der schon erwähnte Dichter Pindar, der im Übergang vom 6. zum 5. Jahrhundert v. Chr. die Taten des Herakles als Referenzgröße dafür nutzte, um so die sportlichen Leistungen seiner Auftraggeber zu zelebrieren. Den Begriff Heros, der zuvor nur den mythischen Gestalten vorbehalten war, verwendete er, um eine Begabung, physische oder intellektuelle Außerordentlichkeit der Athleten zu beschreiben. Als Heroen bezeichnete man später auch verstorbene oder noch lebende Persönlichkeiten, denen man manchmal wie ihren mythischen Vorbildern kultische Opfer an ihren Statuen darbrachte. Diese Entwicklung setzt spätestens ab dem Hellenismus mit Alexander dem Großen (356–323 v. Chr.) ein und ist dann die gesamte Antike hindurch im griechischen wie römischen Raum zu beobachten.

Wer mehrfach siegte, gewann den Nimbus eines Heroen

Diese Heroisierung geschah jedoch differenziert. So legte Philostratos dar, dass man im Vergleich mit den Heroen der Vergangenheit – er meinte damit legendäre Olympioniken – heute nur noch zweitklassige Sportler zu sehen bekäme. So gäbe es keinen mehr vom Schlag eines Milon von Kroton, der im 6. Jahrhundert v. Chr. lebte. Philostratos nennt den Ringer in einem Atemzug mit Herakles. Hatte Milon doch sechsmal alle vier panhellenischen Spiele in Olympia, Delphi, Nemea und Isthmia gewonnen – Milon war quasi sechsmaliger Grand-Slam-Gewinner gewesen.

Philostratos sah seine eigene Zeit des späten 2. und frühen 3. Jahrhunderts n. Chr. als längst nicht so glänzend, ruhmreich – kurzum – heroisch an wie die Vergangenheit. Ein solches Denken ist bezeichnend für mehrere Autoren der hohen römischen Kaiserzeit. Der britische Altertumswissenschaftler Christopher P. Jones spricht vor diesem Hintergrund von den »new heroes«, den neuen Helden. In ihnen spiegelt sich, dass sich die Sicht auf die Sportler und deren Heroisierung verändert hatte.

AUF EINEN BLICK
VEREHRT, VERKLÄRT, VERSPOTTET

1 Im antiken Griechenland genossen erfolgreiche Athleten ein hohes Ansehen. Besonders deren Heimatstädte nutzten das Renommee für die eigene Imagepflege.

2 Diese Faktoren förderten den Ruhm der Sportler: Bildnisse, die in Heiligtümern oder in den Herkunftsorten aufgestellt wurden, und Siegeshymnen. Durch beide geschah die Gleichsetzung mit mythischen Heroen.

3 In römischer Zeit tritt ein Wandel ein. Man kritisierte den unmäßigen Lebensstil und das kraftstrotzende Aussehen der Athleten. Die Sportler wurden zur Referenzgröße, wie man sich verhalten sollte und wie nicht.

Sportler galten nicht nur als physisch starke Menschen, die man für ihre Erfolge bewunderte, sondern sie überschritten mit ihrem Verhalten auch Grenzen und Normen. Zum Beispiel beim Essen: Über den eben erwähnten Ringer Milon von Kroton entspann sich die Sage seines ungemeinen Appetits, ja seiner schieren Gefräßigkeit. So schrieb der römische Autor Quintilian im 1. Jahrhundert n. Chr., dass Milon nicht nur einen ausgewachsenen Ochsen auf seinen Schultern getragen habe, sondern ihn auch eigenhändig geschlachtet und an nur einem Tag verzehrt hätte. Im Durchschnitt habe Milon 20 Pfund Fleisch und ebenso viel Brot gegessen, dazu noch literweise Wein getrunken.

Im 1. Jahrhundert v. Chr. berichtete der Universalhistoriker Diodorus Siculus, dass sich Milon als neuer Herakles inszeniert habe und mit Keule und Löwenfell versehen an der Spitze der Soldaten seiner Heimatstadt gekämpft habe. Für diese Geschichte wird wohl nicht nur ausschlaggebend gewesen sein, dass Herakles in der Antike als ausgesprochen guter Esser galt, sondern auch, dass die Unterstützung von Heroen in Schlachten die eigene Sieghaftigkeit garantieren sollten. Wenn die Episode authentisch ist, dann hatte Milon sein Ansehen genutzt und seine exemplarische Sieghaftigkeit im Sport auf den militärischen Bereich übertragen. Er beschwor so den Beistand des Heroen und verstärkte in der Gestalt des Herakles zugleich seine eigenen Siegerqualitäten.

Durch körperliche Höchstleistungen errangen Sportler einen heldenähnlichen Status. Das konnte aber auch geschehen, wenn ein noch junger Athlet während oder infolge eines Wettkampfs starb. Auf dem antiken Marktplatz der griechischen Stadt Argos kam eine Inschrift ans Licht, die zu einem Staatsgrab gehörte. Der Text auf dem Grabstein lautet: »Bei den nemeischen Spielen hat er in sehr vielen Wettkämpfen gesiegt und letztlich den Tod im Stadion für besser gehalten als aufzugeben. Lieber Demophilos: Sei gegrüßt! Das Volk der Argiver hat das Grabmal aufgestellt. Hades sagt dem Helios: ›Einen derartigen Jüngling (griechisch: »kouros«) habe ich noch nie gesehen‹ und Helios antwortet: ›Du hast ihn, meinen Besitz, geraubt.‹«

Die Bezeichnung des verstorbenen Athleten als Kouros, als Jüngling, verlegt die Leistung des Demophilos in die heroische Sphäre. Denn der Begriff bringt ihn mit zwei bedeutenden Mythenfiguren der Stadt Argos in Verbindung: den Heroen Kleobis und Biton. Die beiden waren siegreiche Athleten und wurden für ihre Körperkraft gerühmt. Auch sie starben als junge Männer – genauer gesagt: Sie wurden von den Göttern entrückt. Ihre Mutter, eine Priesterin der Hera, musste zum Tempel gelangen, aber sie hatte keine Zugtiere. Also ließen sich die Brüder vor den Ochsenkarren spannen und fuhren die Mutter zum Heiligtum. Als die Mutter die Götter um das Beste für ihre Söhne bat, was den Menschen widerfahren könne, starben die beiden. Ihr Dahinscheiden galt in der Antike als Beleg dafür, dass ein ruhmreicher Tod für den Menschen stets einem unrühmlichen Dahinleben vorzuziehen sei. Indem Demophilos als Kouros bezeichnet wird, steht seine schier übermenschliche Leistung gleichberechtigt neben dem Einsatz der argivischen Heroen Kleobis und Biton. Auch aus anderen antiken Schilderungen ist bekannt, dass Athleten, die im Wettkampf starben, mit einer Statue auf dem Marktplatz (griechisch »agora«) ihrer Heimatstadt oder einem Staatsgrab geehrt wurden. In vielen griechischen Poleis war die Agora der Ort, an dem Denkmäler an die Heroen der Stadt standen. Manche Athleten stiegen folglich nach ihrem Tod zum Heros und Patron ihrer Stadt auf.

Das modern restaurierte Mosaik eines Faustkämpfers zierte im 4. Jahrhundert n. Chr. neben anderen Athletenbildern den Fußboden der Caracalla-Thermen in Rom.

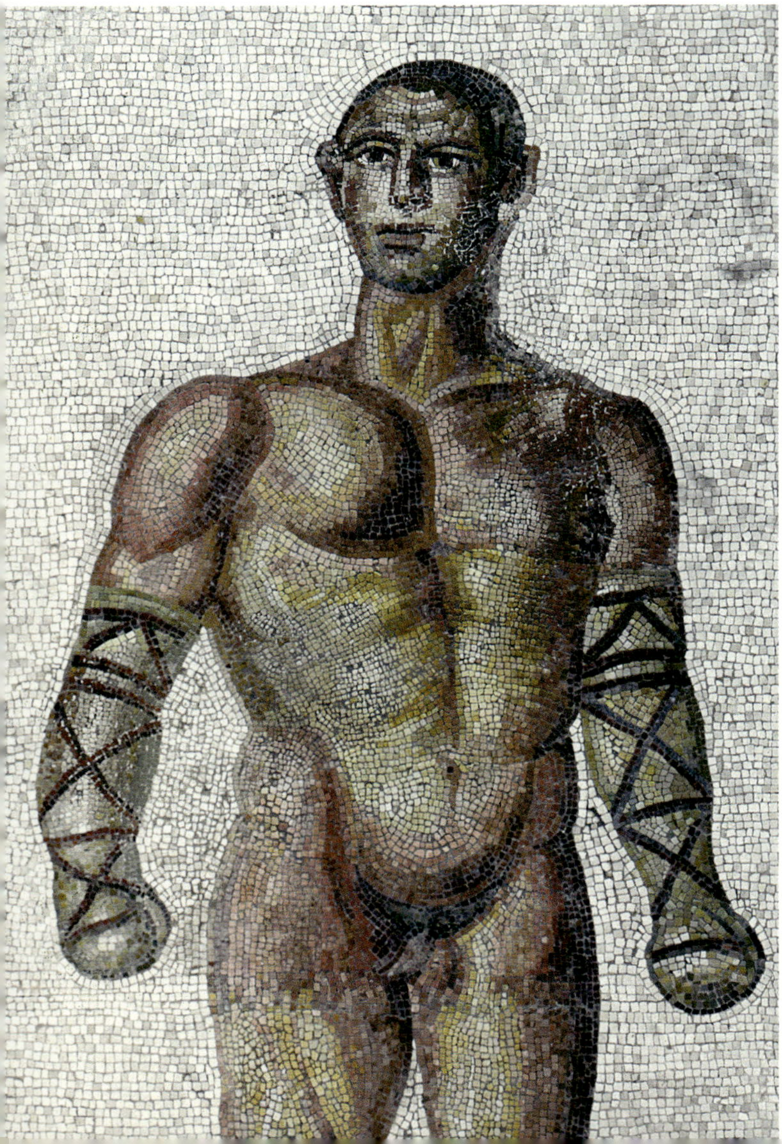

SCALA, FLORENZ / WHITE IMAGES

Helden sind ständig bemüht, gängige Vorstellungen, Werte und Grenzen zu überschreiten. Doch dieses Streben konnte auch ins Grausame umschlagen. Anschaulich illustriert dies die Legende vom Athleten Kleomedes von der griechischen Insel Astypalaia. In verschiedenen Schriftquellen der Antike wird er als der »Letzte der Heroen« bezeichnet, als der Letzte eines mit ihm ausgestorbenen Geschlechts von Heroen. In den antiken Texten wurde Kleomedes eine große und kräftige, ja eine »heroische« Statur nachgesagt, doch seinen Charakter brachte man mit anderen Werten in Verbindung: Wahnsinn und Verbrechen. So soll er mit seiner enormen Körperkraft bloße Gewalt verübt haben. Ausgangspunkt der Geschichte ist Kleomedes' Teilnahme an den Olympischen Spielen, wo er beim Boxen einen seiner Konkurrenten erschlägt. Vom Wettkampf disqualifiziert, kehrt er in seine Heimatstadt zurück und bringt dort vom Wahnsinn getrieben ein Schule zum Einsturz. Unter dem Schutt werden 60 Kinder begraben und sterben. Als die Bürger der Stadt Kleomedes daraufhin fassen wollen, flieht er in ein Heiligtum und verbarrikadiert sich in einer großen Truhe. Nach mehreren Tagen öffnen die Bürger die Truhe, im Glauben Kleomedes sei verdurstet und verhungert. Was sie dann vorfinden, beschreibt der Reiseschriftsteller Pausanias (Buch 6, Kapitel 9, 7–8) so: »Als sie schließlich die Bretter der Truhe aufgebrochen hatten und Kleomedes weder lebend noch tot darin fanden, schickten sie Männer nach Delphi (zum Orakel), um zu fragen, was mit Kleomedes geschehen sei. Diesen soll die Pythia das folgende Orakel gegeben haben: ›Der Letzte der Heroen, Kleomedes aus Astypalaia, den ehret mit Opfern, da er nicht mehr sterblich ist.‹ Seitdem erweisen nun die Astypalaier dem Kleomedes Heroenehren.«

Am Sportlerhelden offenbarte sich, was man tun sollte oder eben nicht

Sei es übermäßige Gefräßigkeit, sei es der Kampf bis in den Tod oder seien es über- oder unmenschliche physische Kräfte – in römischer Zeit ist das Bild vom Sportler wie kaum von einer anderen Figur durch eine grenzüberschreitende Qualität geprägt. Dieser neue Heldentypus setzt sich über Normen und Werte hinweg. Er »stört« die Gesellschaft, er ist »außeralltäglich« und konnte paradoxerweise gerade deshalb zu einem Vorbild werden. Indem man wichtige Werte und Normen auf die Heldenfiguren projizierte, die diese erfüllten oder eben nicht erfüllten, versicherte sich eine Gemeinschaft, wie ihre Normen eigentlich beschaffen sind. Am Sportlerhelden offenbarte sich, was man tun oder eben nicht tun sollte.

Die stete Prüfung der eigenen Normen erfolgte dabei über Kritik. So waren die »neuen Helden« mannigfaltiger Kritik – und auch Spott ausgesetzt. Der römische Satiriker Lucilius mokierte sich im 2. Jahrhundert v. Chr. beispielsweise über die entstellten Gesichter der Boxer, die diese an den Rand der Gesellschaft stellen würden. Athleten ent-

So könnte der Faustkämpfer vom Quirinial einst ausgesehen haben. Archäologen vom Liebighaus in Frankfurt haben die Figur in originaler Größe rekonstruiert.

sprachen bisweilen einem anderen Schönheitsideal als dem, das die Gesellschaft favorisierte. Die Folgen des Trainings und der Wettkämpfe schufen ein Körperideal, mit dem sich die Menschen nicht vergleichen konnten und wohl auch nicht wollten. Ein gängiges Vorurteil war, dass Athleten zwar große Körperkraft besitzen würden, dafür mangele es ihnen aber umso mehr an geistigen Fähigkeiten. So schreibt der Römer Sueton: Dem ehemaligen Boxer und späteren Redelehrer Marcus Pomponius Marcellus bescheinigte man körperliches Geschick, von sprachlicher Gewandtheit könne bei ihm jedoch keine Rede sein.

Einen der heftigsten Angriffe auf die sportlichen »Helden« zitiert der bereits erwähnte Redner Dion Chrysostomos (Rede 8, 13–14). Ihm zufolge habe der Philosoph Diogenes Folgendes gesagt: Die Athleten seien alle »aufgeblasene Vielfraße, die sich den lieben langen Tag den Bauch vollschlagen und nachts schnarchen, die sich auf den Rücken legen lassen, von saft- und kraftlosen Männern, deren Taille noch mehr eingezogen ist als die einer Wespe. Oder glaubst du«, so fragt Diogenes sein Gegenüber ironisch, »diese Fettwänste wären zu irgendetwas nütze? Man sollte sie um die Stadt treiben. (...) Denn ich glaube, diese Leute haben noch weniger Seele als ein Schwein.«

Von einer Heroisierung des antiken Athleten klingt hier nicht mehr viel an. Die Athletik selbst hatte sich jedoch auch verändert. Ab dem 1. Jahrhundert n. Chr. glich der sportliche Wettkampf mehr einem Wanderzirkus, bei dem nun um enorme Geldsummen gestritten wurde. Berühmte Athleten reisten von Sportfest zu Sportfest und taten tagaus, tagein nichts anderes als zu trainieren. Parallel entwickelte sich eine neue Trainingslehre, die das Ideal eines entsagungsreichen und weltabgewandten Lebens forderte. Ein solches Athletenideal sah sich schnell dem Vorwurf ausgesetzt, ein nur auf den Sport fokussiertes Leben sei unnütz, wenn nicht gänzlich wertlos für die Gesamtgesellschaft. Nur Sport zu treiben, sah man zudem keineswegs als gesundheitsfördernd an. Nicht für jeden steckte folglich »ein gesunder Geist in einem gesunden Körper«. Der römische Satiriker Juvenal, von dem das Zitat stammt, meinte das auch als spöttische Bemerkung.

Zudem waren nicht alle Gelehrten vom Nutzen des Sports für den militärischen Bereich überzeugt. Die Athletik mit ihren strengen Essvorschriften und streng reglementierten Lebensführung sei das genaue Gegenteil von dem, was von einem guten Soldaten erwartet würde, kritisierte der Philosoph und Biograf Plutarch im 1. und 2. Jahrhundert n. Chr. Es gab zudem Kritik von medizinischer Seite: Galen und Philostratos bemängelten die Ernährung der Athleten, die strenge Diätetik und die von der Trainingslehre vorgeschriebenen Schlafens- und Essenszeiten.

Die Sportler waren damals wie heute umstrittene Figuren. Und in der antiken Kritik am Sport und ihren Helden zeigt sich, dass eine Heroisierung immer mit einer Entheroisierung einherging. Davon zeugt auch der Bronzeboxer vom Quirinal. Einige Forscher identifizieren die Statue als Darstellung des Athleten Mys von Tarent aus dem 4. Jahrhundert v. Chr. Die Karriere des Mys eignete sich eigentlich nicht zur Heroisierung. Er war nämlich nicht wirklich erfolgreich, gewann er doch erst nach vielen Anläufen überhaupt einen Wettkampf – 336 v. Chr. in Olympia. Doch die Wunden, die Erschöpfung und die Niedergeschlagenheit des bronzenen Athleten betonen gerade Qualitäten, die mit Mys in Verbindung gebracht wurden: Man bewunderte nämlich auch den Enthusiasmus eines Athleten, der trotz vieler Rückschläge nicht aufgab und unbeugsam blieb. Die Menschen der Antike waren von den körperlichen und psychischen Qualitäten ihrer Sportlerhelden fasziniert – und empfanden sie zugleich abstoßend. ◂

QUELLEN

Bette, K.-H.: Sporthelden. Spitzensport in postheroischen Zeiten. Transcript, 2019

Christesen, P., Kyle, D.G. (Hg.): A companion to sport and spectacle in Greek and Roman antiquity. Wiley, 2014

Decker, W.: Sport in der griechischen Antike. Vom minoischen Wettkampf bis zu den Olympischen Spielen. 2. Auflage, Arete, 2012

Jones, C.P.: New heroes in antiquity. From Achilles to Antinoos. Harvard University Press, 2010

MÄRTYRER
GLAUBEN, LEIDEN, SIEGEN

Helden sind Gewinner, lautet ein Kredo nicht nur der Antike. Doch wer einst Folter erduldete oder gar hingerichtet wurde, statt seinem Glauben zu entsagen, stellte diese Regel in Frage.

Der in Zürich geborene **Felix Heinzer** ist Spezialist für lateinische Texte des Mittelalters und ihre handschriftliche Überlieferung. Er lehrte von 2005 bis zu seiner Pensionierung 2015 Lateinische Philologie des Mittelalters an der Albert-Ludwigs-Universität Freiburg und ist seit 2017 Seniorprofessor am Center for the Study of Manuscript Cultures an der Universität Hamburg.

▸▸ spektrum.de/artikel/1682500

AKG IMAGES / DE AGOSTINI PICTURE LIBRARY / A. DAGLI ORTI

Im Sommer 1881 publizierte Richard Wagner den Aufsatz »Heldentum und Christentum«. Ungeachtet der teilweise bizarren ideologischen Ausrichtung des Textes lohnt die Lektüre, da sie eine wenig beachtete Spielart der Heroisierung ins Blickfeld rückte. Im Erleiden seiner Kreuzigung habe sich Christus »in höchster Kraftäußerung gegen sich selbst« gewandt. Darin lag für Wagner ein epochaler Gegenentwurf zu dem gängigen, auf das Ausüben von Macht, Kampf und Sieg ausgerichteten Konzept des Heroischen. »Wir sehen von dann ab den Heiligen in der Ertragung von Leiden und Selbstaufopferung für andere den Helden noch überbieten; fast unerschütterlicher als der Stolz des Helden ist die Demut des Heiligen.«

Damit nahm Wagner auf eine bis in die Spätantike zurückreichende Tradition Bezug: die Heroisierung des religiös begründeten Selbstopfers im frühchristlichen Märtyrerkult. Ansätze dazu finden sich schon im Neuen Testament, insbesondere in den Briefen des Apostels Paulus (um 10–60), der einen für Gottes Sache mit den »Waffen des Lichts« streitenden Christen mit einem Soldaten verglich. Obwohl Märtyrer ein passives Verhalten wählten – das Erleiden von Gewalt –, erwiesen sie sich gerade dadurch als die eigentlichen »milites christiani«.

Ein wichtiges Konzept war dabei die aus dem Griechischen übernommene Metapher des »athleta«. Ansätze dazu gab es schon in den Paulusbriefen, explizite Belege für den Begriff Athlet finden sich dann in den Schriften frühchristlicher Autoren, etwa bei den Kirchenvätern Tertullian (zirka 150–220) und Augustinus (354–430). In einer seiner zahlreichen Predigten verknüpfte dieser das Bild vom Athleten beispielsweise mit dem heiligen Stephanus, der um das Jahr 40 als erster Christ seines Glaubens wegen hingerichtet wurde. Im Augenblick seines Todes soll er Gott um Gnade für seine Henker gebeten haben. Augustin propagiert diese Haltung als Nachahmung (»imitatio«) Christi und zugleich als Modell für die Christen selbst, die Ungerechtigkeit, Widrigkeit und Bedrängnis mit Geduld und Gleichmut erdulden sollten.

In diesem Brückenschlag von der Ausnahmeleistung des Märtyrers zu einer inneren Haltung des Gläubigen lag ein enormes Potenzial, zwischen christlichen und antiken Idealen zu vermitteln. Dieser Brückenschlag klingt schon bei jener Deutung der rituellen Salbung von Täuflingen an, auf die der Mailänder Bischof Ambrosius (339–397) hinwies: Wie sich antike Ringkämpfer einölten, damit ihr Gegner sie nicht packen konnte, sollte die Taufe den Christen dazu befähigen, den lebenslangen Kampf mit dem Bösen zu gewinnen. Dieser Ideentransfer ist ein Paradebeispiel dafür, wie die damals neue Religion auf das kulturelle Wertesystem der römischen Gesellschaft zu reagieren versuchte.

Die christliche Nutzung der Metapher vom Athleten Christi erforderte aber auch eine klare Abgrenzung gegenüber paganen Vorstellungen: Strebte der antike Sportler nach weltlichem Lohn und Anerkennung, winkte dem Christen laut Paulus eine unvergängliche Krone. Demgemäß setzte Ambrosius der Welt ausdrücklich den Himmel entgegen und betonte den Unterschied zwischen vergänglichem und bleibendem Preis. Wo sich der Sportler am Ende dem Votum einer Jury beugen musste, durfte der Heilige den ewigen Preis beim Jüngsten Gericht von Gott selbst erwarten.

Felicitas und Perpetua (Mitte) weigerten sich im 6. Jahrhundert, dem christlichen Glauben zu entsagen. Mit anderen Frischgetauften starben sie auf Geheiß des römischen Kaisers im Amphitheater.

AUF EINEN BLICK
EIN POSTHUMER SIEG

1 Zum klassischen Bild des Helden gehörten Kampf und Sieg. Doch auch Märtyrer wurden heroisiert, obwohl sie mit ihrer Ermordung eigentlich eine Niederlage erlitten hatten.

2 Das ist umso erstaunlicher, als das passive Aushalten von Schmerzen in der Antike als Ausdruck von Schwäche galt, die mit einer maskulin geprägten Vorstellung von Heldentum nicht vereinbar schien.

3 Ihre Leidenskraft gewannen christliche und jüdische Märtyrer nicht zuletzt durch eine auf das Jenseits gerichtete Perspektive: Im Himmel würden sie eine unvergängliche Siegerkrone empfangen.

Heidnische Parallelen

Interessant sind auch die Vergleiche christlicher Märtyrer mit bekannten römischen Heldengestalten bei Augustinus, der in seinem »Gottesstaat« beispielsweise eine so angesehene Figur wie Gaius Mucius Scaevola ins Spiel brachte. Scaevola soll sich laut einer Legende 508 v. Chr. bei der Belagerung Roms durch die Etrusker in deren Lager geschlichen haben, um ihren König zu ermorden. Doch der Römer wurde gefasst und mit dem Tod auf dem Scheiterhaufen bedroht, würde er nicht weitere Attentäter verraten. Unerschrocken hielt er die Rechte ins Feuer und erklärte, sein Körper sei wertlos im Vergleich zur Ehre. Der etruskische König schenkte ihm anerkennend die Freiheit und nahm Friedensverhandlungen auf. Das Ertragen unerträglicher Schmerzen im Dienst einer höheren Sache war solchen legendären Heroen und den christlichen Märtyrern gemeinsam. Augustinus postulierte aber, Letztere seien die überlegeneren, da sie sich die Leiden nicht selbst auferlegt hatten, sondern von außen zugefügte Qualen erduldeten, »in jener wahren Tugend, die auf wahrer Frömmigkeit beruht«.

Der Althistoriker Andreas Felmy sprach 2001 in seiner Dissertation an der Universität Freiburg von einer neuen Dialektik, die dazu dienen sollte, »einem traditionell denkenden römischen Publikum die neuen Wertvorstellungen des Christentums zu vermitteln«. Er sieht darin zugleich den Anspruch auf die Deutungshoheit über die römische Geschichte durch die Christen. Dafür mussten zentrale Werte auf den Kopf gestellt werden: Ehrte man den paganen Helden, da er bereit gewesen war, für das irdische Vaterland zu sterben – etwa im Fall Scaevolas für Rom –, war die wahre »patria« des Christen der Himmel. Alle irdische Staatlichkeit verlor dieser absoluten Heimat gegenüber an Bedeutung.

War schon der Anspruch der Christen, den einen wahren Gott zu verehren, in der polytheistischen Glaubenswelt der Antike ein Affront, standen die passive Haltung der Heiligen und das Verehren ihrer Leidensfähigkeit im krassen Gegensatz zu den Werten einer Gesellschaft, die das Streben nach Dominanz und das Ausüben von Gewalt verherrlichte. Letztlich verhielten sich Christus und die Heiligen in einer Weise, die man von Frauen erwartete, in einer maskulin geprägten Gesellschaft musste das verstörend wirken. »Aktivität und Aggression, die Fähigkeit, Schmerz zuzufügen wie ihn zu ertragen, galten als gut, als Symbole für Freiheit und Mut«, so Brent D. Shaw, Althistoriker an der Princeton University. »Die Schande, sich verwunden zu lassen und all das zu ertragen, verurteilte man hingegen als Schwäche, als weibisch und sklavisch und somit als moralisch verwerflich.«

So überrascht es nicht, dass in der frühchristlichen Überlieferung auffallend viele weibliche Märtyrer zu finden sind, etwa die nordafrikanische Adlige Perpetua und ihre Sklavin Felicitas. Da sie sich weigerten, dem christlichen Glauben abzuschwören, sollten sie in der Arena von einem wilden Rind getötet werden. Doch das Tier verletzte sie lediglich, berichtet die »Passio Sanctarum Perpetuae et Felicitatis«. Nun sollte ein Gladiator Perpetua erstechen, doch auch er scheiterte. So führte die Adlige sein Schwert eigenhändig an ihre Kehle. »Hätte sie es nicht selbst gewollt, hätte eine so große Frau nicht getötet werden können«, lautet das kühne Fazit des Passionsberichts.

Für die männerdominierte römische Gesellschaft bedeutete diese Stilisierung des Erduldens von Leid zu einer heroischen Haltung eine radikale Provokation. Allerdings brachen die frühen Christen nicht als Erste mit solchen kulturellen Konventionen. Auch im antiken Judentum erkennt Shaw die Gleichstellung von Märtyrern und Helden. Ein herausragendes Beispiel gibt der zwischen 90 und 100 n. Chr. entstandene vierte Band der so genannten Makkabäerbücher. Er berichtet über den jüdischen Aufstand gegen den seleukidischen König Antiochos IV. Epiphanes (um 215–164 v. Chr.), der das zu seinem Reich gehörende Israel hellenisieren wollte. Im Zuge dessen entweihte er den Tempel Jerusalems durch eine Zeusstatue und verlangte, ihr Opfer darzubringen. Sieben Brüder aus

Wikingerkönig Olav II. förderte die Kirche Norwegens. Als er 1030 in einer Schlacht getötet wurde, erfolgte bald danach die Heiligsprechung als Märtyrer.

PICTURE ALLIANCE / MARY EVANS PICTURE LIBRARY

Der heilige Sebastian überlebte den Pfeilhagel seiner Folterer. Doch als er Kaiser Diokletian ermahnte, von der Christenverfolgung abzulassen, ließ dieser ihn erschlagen.

der Priesterdynastie der Makkabäer und ihre Mutter weigerten sich. Sie wurden nach Antiochia überführt und auf das Grausamste gefoltert, fielen aber nicht vom Glauben ab und starben als Märtyrer. Wichtige Elemente des Buchs erinnern an die christlichen Passionsberichte etwa die Bedeutung der Öffentlichkeit – die Brüder starben vor Publikum in der Arena –, das Hervorheben der Geduld, mit der das Leiden ertragen wurde, als heroische Leistung und damit als eigentlicher Gegenstand dieser Prüfung. Schließlich die Unvergänglichkeit des Siegespreises, nämlich die Auferstehung nach dem Tod. So soll der zweite Bruder dem Folterknecht gesagt haben: »Du nimmst uns dieses Leben; aber der König der Welt wird uns zu einem neuen, ewigen Leben auferwecken, weil wir für seine Gesetze gestorben sind.«

Die Aufwertung heroischer Passivität und eher als weiblich angesehener Qualitäten wie das Erdulden von Schmerz und Qual wies Shaw auch in der profanen Literatur jener Zeit nach, insbesondere in manchen griechischen Romanen. Letztlich lassen sich solche Aspekte sogar in der von Männern dominierten Welt der Gladiatorenkämpfe finden, folgt man der These des Literaturwissenschaftlers Hans Ulrich Gumbrecht von der Stanford University, wonach der Verlierer, der am Boden liegend seinen Tod erwartete, das Publikum in besonderer Weise faszinierte: »Indem er Gleichmut zeigte, konnte der unterlegene Gladiator offenbar zum wahren Helden des Kampfs verklärt werden – zu einem Helden allerdings, der anstatt zu einem Halbgott zu einem Bild für die innere Kraft wurde, die man benötigte, um der menschlichen Schwäche zu trotzen.«

Athleten gegen die dunklen Mächte

Das galt auch noch für den Heiligentypus, der im 5. beziehungsweise 6. Jahrhundert aufkam: nicht Märtyrer, sondern vorbildliche Bischöfe wie den als »treuen Athleten des Glaubens« betitelten Martin von Tours (316/317–397), herausragende Asketen und Prediger, etwa der im Frankenreich tätige irische Wandermönch Columban und seine Begleiter und Schüler (540–615). Ohne einen qualvollen Tod als Charakteristikum verlor die Athletenmetapher zwar an Körperlichkeit, sie gewann dafür im Ideellen: Die neuen Helden kämpften mit der Kraft ihres Wortes gegen die dunklen Mächte. Sie opferten ebenfalls ihr Leben, aber diese Leistung war nicht auf den einen Moment des heroischen Sterbens fokussiert, sondern lag in der lebenslangen Hingabe an den missionarischen Dienst für Christus.

Dass das Modell des Opferhelden auch noch im frühen Mittelalter attraktiv war, demonstriert die Stilisierung des am 29. Juli 1030 in der Schlacht von Stiklesta gefallenen Wikingerkönigs Olav II. Haraldsson zum christlichen Märtyrer als bemerkenswerter – in diesem Fall dezidiert politisch funktionalisierter Versuch, eine Niederlage in einem ganz anderen kulturellen und zeitlichen Horizont zu verherrlichen (siehe Bild linke Seite). Schon bald nach seinem Tod galt der König als Heiliger, der den Widerstand gegen die dänischen Herrschaftsansprüche verkörperte und schließlich als nationaler Held verehrt wurde. Und noch heutzutage und auch außerhalb der christlich geprägten Kultur lassen sich Beispiele finden, etwa in der Verehrung, die den Opfern des Arabischen Frühlings zuteilwird. ◂

QUELLEN

Buchheit, V.: Militia Christi und Triumph des Martyrers (Ambr. hymn. 10 Bulst - Prud. per. II 1-20). In: Stache, U.J. et al. (Hg.): Kontinuität und Wandel. Lateinische Poesie von Naevius bis Baudelaire. Franco Munari zum 65. Geburtstag. Weidmann, 1986, S. 273–289

Heinzer, F.: Hos multo elegantius, si ecclesiastica loquendi consuetudo pateretur, nostros heroas uocaremus. Sprachbilder im frühchristlichen Märtyrerdiskurs. In: von den Hoff, R. et al. (Hg.): Imitatio heroica. Heldenangleichung im Bildnis. Helden – Heroisierungen – Heroismen 1. Ergon, 2015, S. 119–136

Pannewick, F.: Grenzgänger des Umbruchs. Der symbolische Kampf um das Gedenken an Helden und Märtyrer des ›Arabischen Frühlings‹. In: Heinzer, F. et al. (Hg.): Sakralität und Heldentum. Zum Relationsgeflecht von Heroischem und Religiösem. Helden – Heroisierungen – Heroismen 6. Ergon, 2017, S. 263–286

Shaw, B.D.: Body/Power/Identity. Passions of the martyrs. Journal of Early Christian Studies 4, 1996

SCHIITEN
DER FÜRST DER MÄRTYRER

Al-Husayn, der Enkel des Propheten Mohammed, starb für seine Überzeugung, dessen rechtmäßiger Nachfolger zu sein. Für die Gläubigen des schiitischen Islams stellt er bis heute ein heroisches Vorbild dar.

Olmo Gölz ist wissenschaftlicher Mitarbeiter am Orientalischen Seminar der Albert-Ludwigs-Universität Freiburg und dem dortigen Sonderforschungsbereich SFB 948 »Helden-Heroisierungen-Heroismen«.

spektrum.de/artikel/1682510

Vor etwas über 40 Jahren strömten Millionen Iraner durch die Straßen Teherans. Was sie einte, war der Hass auf ihren Monarchen Schah Mohammad Resa Pahlawi und sein Regime. Die Demonstranten forderten eine neue politische und gesellschaftliche Ordnung, sie forderten den Sturz des Schahs, sie wollten eine Revolution. Viele Iraner hofften darauf, dass dann ihr geistlicher Führer und der erbitterte Widersacher des Schahs Ajatollah Khomeini aus dem Exil zurückkehren und eine islamische Revolution anführen würde. Dafür waren einige Demonstranten sogar bereit, ihr Leben zu geben und riefen diese Überzeugung auf den Straßen heraus. Sie skandierten: »Jeder Ort ist Kerbala, jeder Tag ist Aschura, jeder Monat ist Muharram!« In diesen drei Aussagen steckt nicht nur die Bereitschaft, sich selbst für die islamische Revolution zu opfern, sondern aus ihnen formt sich auch das Weltbild vieler Schiiten. Der Ausruf verweist auf die Kernbotschaft dieser islamischen Glaubensrichtung, der heute der Großteil der iranischen Bevölkerung angehört.

Kerbala, Aschura, Muharram – was bedeuten diese drei Begriffe und warum ist mit ihnen die Vorstellung vom Selbstopfer für die gute und gerechte Sache verbunden? Die Begriffe gehen zurück auf eine zentrale Episode des frühen Islam im 7. Jahrhundert: der Schlacht von Kerbala. Bis heute legen die Schiiten mit diesem Ereignis fest, wie Gut und Böse, wie Glaube und Unglaube zueinander stehen und welches Verhalten heldenhaft und welches unehrenhaft sei.

Kerbala – das ist zunächst eine im Zentrum des heutigen Irak gelegene Wüstenregion. Im Jahr 61 nach der Hidschra, dem Auszug des Propheten Mohammed von Mekka nach Medina, also 680 n. Chr., wird in Kerbala Mohammeds Enkel al-Husayn b. Ali (b. steht für »bin«, »Sohn des«) von einer überlegenen Streitmacht seines politischen Gegners getötet.

Aschura ist arabisch und bedeutet »der zehnte« Tag eines Monats. Und Muharram ist der erste Monat des islamischen Kalenders. Aschura im Monat Muharram ist das genaue Datum, an dem al-Husayn in Kerbala starb. Der Enkel des Propheten hatte einige Tage zuvor die Wüstenregion erreicht, wo sich jenes Drama des frühen Islam abspielte, das als Schlacht von Kerbala in die Geschichtsbücher einging.

Die Essenz des schiitischen Glaubens

Auf diese Schlacht geht das religiöse Schisma zurück, also der Gegensatz zwischen den später so genannten Sunniten und Schiiten. Für die heutigen schiitischen Gemeinschaften vermittelt die Schlacht von Kerbala, in der sich die Vertreter des »Guten« und des »Bösen« gegenüberstanden, exemplarisch die schiitischen Werte und Normen. Auf der Seite des Guten steht der Held und Märtyrer al-Husayn und auf der Seite des Bösen sein dämonisierter Widersacher Yazid.

Als der Anthropologe Michael Fischer in den 1970er Jahren Augenzeuge des Umsturzes im Iran wurde, stellte er fest, dass sich in den emotionalen Predigten schiitischer Geistlicher die Geschichte von al-Husayns Tod zur Kernbotschaft entwickelte. Fischer beobachtete auch, dass der historischen Schlacht von Kerbala darin ein großes politisches Potenzial für die Gegenwart zugesprochen wurde. Viel mehr noch: Die

AUF EINEN BLICK
ALS SICH DER ISLAM SPALTETE

1. Im Zentrum des schiitischen Islam steht das Martyrium des al-Husayn. Der Enkel des Propheten Mohammed wurde 680 in der Schlacht von Kerbala getötet.

2. Nach schiitischer Glaubensvorstellung standen sich bei dieser Schlacht Gut und Böse gegenüber: der Held al-Husayn aus der Familie des Propheten und sein Widersacher, der Kalif Yazid.

3. Die geistliche Führung der Islamischen Republik Iran verweist immer wieder auf dieses Ereignis, um die Menschen zu mobilisieren, sich wie al-Husayn für die politischen und religiösen Ziele des Staats einzusetzen.

BROOKLYN MUSEUM, GIFT OF K. THOMAS ELGHANAYAN IN HONOR OF NOUROLLAH ELGHANAYAN (ACC.-NR. 2002.6; DETAIL)

Die Zentralfigur des schiitischen Islam al-Husayn ist in diesem persischen Gemälde der Schlacht von Kerbala mehrfach dargestellt (um 1900), mit grünem Kopftuch und Nimbus. In der Mitte tötet sein Halbbruder zu Pferd einen Gegner. Rechts schmoren die Feinde in der Hölle, darüber sind al-Husayn und seine Getreuen im Paradies gezeigt.

Schlacht wurde zum politischen Referenzpunkt für die Gemeinde der gläubigen Schiiten. Damit geht ihre politische Bedeutung weit über das hinaus, was etwa die Passion Christi für die christlich geprägten Gesellschaften in Europa darstellt. Dabei liegt der Fokus der Erzählung auf al-Husayns aussichtslosem, aber unerschütterlichem Kampf gegen einen vermeintlich korrupten Tyrannen. Al-Husayn ist bereit, hingebungsvoll für Moral und Anstand einzutreten und sein Leben für die gerechte Sache zu opfern – nämlich dass er und seine Familie der Aliden die rechtmäßigen Nachfolger des Propheten Mohammed seien. Das Martyrium al-Husayns bot den Stoff für eine vorbildhafte Erzählung, mit der man die Menschen für die islamische Revolution mobilisieren wollte. Denn die Bevölkerung sollte wie al-Husayn von ihrem Widerstandsrecht gegen eine tyrannische Ordnung Gebrauch machen.

Im Zentrum dieser Erzählung stehen die Ereignisse um die Schlacht bei Kerbala am 10. Oktober 680 – dem 10. Muharram 61 nach islamischer Zeitrechnung. Da diese heroische Erzählung des frühen Islam eine kaum zu unterschätzende Bedeutung für die heutigen schiitischen Gemeinschaften einnimmt, hat Michael Fischer dieses Phänomen als »Kerbalaparadigma« bezeichnet. So liefern die Helden der Schlacht für die schiitischen Gläubigen beispielhafte und idealisierte Lebensmodelle – ihr Verhalten ist also absolut nachahmenswert. Diese Geschichtsauffassung lässt sich nicht nur auf alle Belange des Lebens übertragen, sondern sie wird auch permanent in Passionsspielen in Erinnerung gerufen, bei denen al-Husayn im Mittelpunkt steht. Bei solchen Aufführungen, an denen die Ereignisse der Schlacht nachgespielt werden, erinnert sich die Gemeinschaft kollektiv an Kerbala. In diesem Zusammenhang sind immer wieder Bilder von Muslimen zu sehen, die sich – an Aschura im Monat Muharram – mit Metallketten oder Messerklingen selbst geißeln, teilweise blutüberströmt. Die Männer tun das, um dem Schmerz und der Trauer über das Martyrium des verehrten Enkels des Propheten Ausdruck zu verleihen – auch wenn die Praxis in den meisten muslimischen Ländern verboten ist.

Das Kerbalaparadigma übernimmt noch eine weitere Funktion: In der Geschichte werden Werte und Normen benannt, mit denen sich der Islam schiitischer Prägung von anderen Religionsgemeinschaften abgrenzen kann. Um also die heutigen schiitischen Gemeinschaften zu verstehen, ist es unerlässlich, die Erzählung der Schlacht von Kerbala ebenso zu kennen wie die Kriterien des Kerbalaparadigmas, die aus dem Schlachtverlauf abgeleitet wurden.

Der Ruf »Jeder Ort ist Kerbala, jeder Tag ist Aschura, jeder Monat ist Muharram!« darf demnach nicht nur als Szene einer historischen Episode aufgefasst werden, die

GETTY IMAGES / AHMAD KAVOUSIAN

1978 und 1979 gingen Millionen von Iranern auf die Straße und demonstrierten gegen den Schah. Für viele glich dieser Kampf dem Martyrium des al-Husayn.

von überzeugten Menschen handelt, die bereit sind, ihr Leben für die gerechte Sache zu opfern. Es geht darüber hinaus: Der Ruf soll an den Kern des religiösen Selbstverständnisses appellieren – an die Helden und deren heroische Taten zur Zeit des frühen Islam, einer Zeit vor über 1350 Jahren – mit dem Ziel, die Gläubigen in der Gegenwart zu mobilisieren. Dies bedeutet nicht, dass sich die Glaubensvorstellungen, die politischen Überzeugungen, die Werte und Normen der schiitischen Muslime in den letzten 1350 nicht gewandelt hätten. Sie sind genauso Veränderungen unterworfen gewesen wie die Überzeugungen und Glaubensinhalte europäischer Christen. Im Fall der Schiiten spielt es jedoch eine Rolle, wie die Schlacht geschildert wird, an welche Einzelheiten erinnert wird, wie die Handlungen der auftretenden Protagonisten interpretiert und welche Akteure als bedeutsam charakterisiert werden. Das Wie der Erzählung lässt also erkennen, welche politischen Ziele in der Gegenwart mit der Geschichte verfolgt werden.

Der Ursprung des Zwists: Mohammed hinterließ keine männlichen Nachkommen

Wenn die iranische Führung heute auf die Schlacht von Kerbala verweist, dann ist das anders zu interpretieren als zur Zeit der islamischen Revolution. Ebenso übernimmt das Kerbalaparadigma im Iran andere Funktionen als etwa für schiitische Gemeinschaften im Libanon. Eines gilt aber stets: Im Mittelpunkt der schiitischen Glaubensvorstellungen stehen die Erzählung der Schlacht und das Martyrium al-Husayns. Sein heroischer Opfertod liefert ein Vorbild, welche Taten und welches Verhalten heldenhaft sind. Um herauszufinden, was heutige Schiiten in der Erzählung als heldenhaft erkennen, muss man daher zwei Perspektiven einnehmen: Einerseits muss man sich den politisch-historischen Hintergrund der Schlacht bei Kerbala und die Verhältnisse im frühen Islam vor Augen führen. Andererseits muss man darauf achten, wie die Schlacht aus moderner beziehungsweise heutiger Sicht geschildert und interpretiert wird.

Um die Bedeutung des eingangs zitierten Slogans zu verstehen – »Jeder Ort ist Kerbala, jeder Tag ist Aschura, jeder Monat ist Muharram!« –, ist zunächst der historische Hintergrund der Schlacht entscheidend. Die Vorgeschichte – und damit auch der schiitische Islam – gehen letztlich auf den Tod des Propheten Mohammed zurück. Ein Teil seiner Anhänger war davon überzeugt, dass sich die charismatische sowie politisch-religiöse Autorität des Propheten nach dessen Tod 632 auf seine leiblichen Nachkommen übertragen hatte. Vom Propheten wurde die Nachfolge aber nie eindeutig geregelt. Zudem hatte er selbst keine eigenen männlichen Nachkommen. Daher konnten sich bereits die ersten drei Nachfolger in der Führung der jungen islamischen Gemeinde Abu-Bakr (632–634), Umar (634–644) und Uthman (644–656) nicht auf eine biologische Nachkommenschaft zum Propheten berufen, sondern sie haben ihren Führungsanspruch als »Kalifen« (zu Deutsch: Stellvertreter oder Nachfolger) aus ihrer Nähe zu Mohammed sowie ihren Verdiensten um den Islam abgeleitet. In die Zeit dieser Kalifen fallen auch die frühen arabisch-islamischen Eroberungen großer Teile jener Weltregionen, die heute noch den Kern der muslimisch geprägten Gesellschaften bilden. Aus der späteren schiitischen Perspektive galt jedoch der Schwiegersohn des Propheten, Ali b. Abi Talib (600–661), als dessen designierter und rechtmäßiger Nachfolger. Der Begriff »Schia« leitet sich denn auch aus der arabischen Bezeichnung für »Partei Alis« – »shiaat Ali« – ab.

An Ali scheiden sich also die Geister. Aus der Perspektive der heutigen Sunniten ist er der vierte Kalif (656–661). Nach Abu-Bakr, Umar und Uthman wird er als der Letzte der vier »rechtgeleiteten Kalifen« verehrt. Nach Alis gewaltsamem Tod verlagerte sich das Machtzentrum nach Damaskus, von wo aus die Familie der Umayyaden das junge islamische Weltreich beherrschte und vergrößerte. Die Umayyaden führten zudem das dynastische Prinzip des Kalifentitels ein. Auf den Kalifen Muawiya I. (661–680) folgte dessen Sohn Yazid I. (680–683), der maßgeblich in die Ereignisse verwickelt war, die in die Schlacht von Kerbala mündeten. Sein

Name Yazid steht im schiitischen Verständnis synonym für Tyrann. So hat etwa der Revolutionsführer Ajatollah Khomeini den damaligen Schah von Iran in den 1960er und 1970er Jahren regelmäßig als »Yazid unserer Zeit« bezeichnet. Das liefert einen weiteren Hinweis darauf, welch zentrale Bedeutung die Kerbala-Erzählung für die politischen Belange im modernen schiitischen Islam einnimmt und wie sie immer wieder genutzt wird.

Unfehlbare Männer mit göttlichen Fähigkeiten

Kommen wir zurück zur Vorgeschichte der Schlacht von Kerbala – zum Schwiegersohn des Propheten, Ali b. Abi Talib. Aus der schiitischen Perspektive ist Ali nicht der vierte Kalif, sondern der erste »Imam« (zu Deutsch: Vorbild). Nach dieser Auffassung ging der Führungsanspruch des Propheten nicht auf einen Kalifen über, sondern auf die Imame, die in direkter Linie aus der Ehe Alis mit Mohammeds Tochter Fatima (606–632) abstammten. Das Konzept des so genannten Imamats sieht dabei für die männlichen Nachkommen Alis eine deutlich prominentere und theologisch gewichtigere Rolle vor, als dies für die Kalifen der sunnitischen Glaubenslehre der Fall ist. Die Imame sind mit göttlichen Fähigkeiten und der Eigenschaft des »Isma« ausgestattet, das heißt, sie sind unfehlbar und ohne Sünde.

Nach dem Tod Alis ging das Imamat auf seinen ersten Sohn über, al-Hassan b. Ali (625–670), der in Medina lebte. Er wurde damit zum zweiten Imam der Schiiten. Al-Hassan bemühte sich gemäß der schiitischen Überlieferung um einen Friedensschluss mit dem Kalifen Muawiya in Damaskus, obwohl dieser als Usurpator, als unrechtmäßiger Herrscher, aufgefasst wurde. Al-Hassan verzichtete sogar auf seinen Führungsanspruch, um die Einheit der gesamten islamischen Gemeinde nicht zu gefährden, starb aber um 670. Sein jüngerer Bruder al-Husayn fühlte sich dem Friedensabkommen zwischen seinem Bruder und dem Kalifen weiterhin verpflichtet. Nach schiitischer Auffassung brach Muawiya den Friedensvertrag jedoch, als er seinen Sohn Yazid zum nachfolgenden Kalifen designierte und durch die Einführung des dynastischen Prinzips die Nachfahren des Propheten – also die Familie Alis – als mögliche Anführer ausgrenzte. Daraufhin kündigten einige prominente Gefährten des Propheten an, sich nach Mekka und Medina zurückzuziehen. Dies galt als Zeichen dafür, dass ein Kalif Yazid, der sich nicht mehr rühmen konnte, den Propheten persönlich erlebt zu haben, für sie untragbar war. Und al-Hassans jüngerer Bruder al-Husayn? Er erhob sich gegen den Kalifen und zog gegen Yazid. Die Schlacht von Kerbala war demnach ein Nachspiel des misslungenen Friedensschlusses zwischen al-Hassan und dem Kalifen.

Aus sunnitischer Sicht verlief die Sache anders: Alis älterer Sohn al-Hassan sei ein Lebemann gewesen. Gegen eine hohe Geldsumme der Umayyaden schwor er den Treueeid auf Muawiya und gab sich dann seinem hedonistischen Lebenswandel hin. Hier zeigt sich: Die unterschiedliche Bewertung derselben historischen Person – ihre Heroisierung im ersten Fall, ihre Diskreditierung und Marginalisierung im zweiten – diente dazu, die eigene Position zu legitimieren beziehungsweise die Ansprüche der anderen zurückzuweisen.

In den Erzählungen der beiden Religionen nehmen vorbildhafte Heldenfiguren eine zentrale Rolle ein. Das zeigt sich insbesondere am Schisma zwischen Sunniten und Schiiten, das mit der Schlacht von Kerbala endgültig zementiert wurde. Die gesamte Erzählung – die Vorgeschich-

Jedes Jahr gedenken die Schiiten dem Märtyrer al-Husayn und dessen Gefolge. Wie hier in Bagdad werden die Ereignisse der Schlacht von Kerbala als Passionsspiele aufgeführt.

GETTY IMAGES / AFP / AHMAD AL-RUBAYE

te, der Hergang und das unmittelbare Nachspiel – ist fester Bestandteil der frühislamischen Geschichtsschreibung. Erstmals wurde die Geschichte im 8. Jahrhundert von dem arabischen Historiker Abu Mikhnaf (er starb 774) niedergeschrieben. In seinem »Kitab maqtal al-Husayn», dem »Buch über die Tötung al-Husayns«, berichtet er minuziös über den angeblichen Schlachtverlauf.

Der Enkel des Propheten al-Husayn lebte in Mekka. 680 folgte er einem Aufruf aus Kufa im heutigen Südirak. Die Stadt war aus einem Militärlager entstanden und bildete den Kern des alidischen Widerstands gegen das Kalifat in Damaskus. Al-Husayn zog mit 72 Getreuen und seiner Familie in Richtung Kufa, um den dortigen Widerstand anzuführen. Die Armee des Kalifen Yazid fing die Gruppe jedoch ab und drängte sie nach Norden in die Wüste unweit des Flusses Euphrat. Am 2. Oktober 680 – am 2. Muharram 61 nach islamischer Zeitrechnung – erreichte al-Husayn die Wüstenregion um Kerbala, wo ihm die Armee des Kalifen den Zugang zum Wasser verwehrte. Trotz der völlig aussichtslosen Lage blieb al-Husayn standhaft und verweigerte in den Verhandlungen mit dem Gegner den Treueschwur gegenüber Yazid.

Der abgeschlagene Kopf rezitierte immer noch Koranverse

Die Ereignisse bis zur endgültigen Konfrontation der Gegner am 10. Muharram sind Gegenstand von mündlichen Erzählungen und Darstellungen in Wandbildern. So berichten die geistlichen Geschichtenerzähler bildhaft und detailliert von einzelnen Zusammenstößen, versuchten Ausbrüchen, um an Wasser zu gelangen, gescheiterten Verhandlungen und schicksalhaften Entscheidungen und Begegnungen zwischen den Akteuren beider Seiten. So soll al-Husayn mit seinem jungen Sohn, noch ein Baby, vor sein Zelt getreten sein und die Gegner gebeten haben, zumindest den Kindern Wasser zu geben, da sie in keiner Feindschaft mit Yazid stünden. Die Antwort der Gegner: Sie erschossen al-Husayns Sohn mit einem Pfeil.

Die Auseinandersetzung gipfelte schließlich in der entscheidenden Schlacht am Tag Aschura – dem heute höchsten Trauertag schiitischer Muslime. Im »Kitab maqtal al-Husayn« wird das Geschehen dieses Tages beginnend mit dem Morgengebet des Prophetenenkels detailliert geschildert. Abu Mikhnaf gliederte seinen Bericht entsprechend den Martyrien jedes einzelnen Mitglieds der alidischen Gruppe. In insgesamt 22 Einzelerzählungen berichtete Mikhnaf über den Auftritt und den Tod jedes der 72 Kämpfer, bevor im finalen Akt der Schlacht der Enkel des Propheten selbst getötet, sein Körper niedergetrampelt und entweiht wurde. Schimr, der General von Yazid, schlug al-Husayn den Kopf ab und brachte ihn zum Kalifen in Damaskus. Obwohl vom Körper getrennt, rezitierte al-Husayns Kopf Koranverse. Als es dem Kalifen nicht gelang, den Kopf vom Beten abzuhalten, entweihte er ihn erneut und schlug in wilder Wut mit einem Stock auf das Haupt ein, so dass seine dämonenhafte Fratze sogar angesichts des besiegten und sündenlosen Gegners zu Tage tritt.

Lediglich zwei männliche Mitglieder der Gruppe überlebten die Schlacht: der schwer erkrankte Sohn al-Husayns, Ali Zain al-Abidin (er starb um 713), der dann der vierte Imam der schiitischen Glaubenslehre wurde, und dessen fünfjähriger Sohn und späterer fünfter Imam Mohammed al-Baqir (er starb 733). Die Frauen aus der Familie des Prophetenenkels, darunter al-Husayns Schwester Zaynab bint Ali (626–680), wurde gefangen genommen und nach Damaskus entführt. Nahezu die gesamte alidische Nachkommenschaft – und damit auch die des Propheten – fand bei Kerbala den Tod, bevor im dramaturgischen Schlusspunkt von Abu Mikhnafs Erzählung der unerschütterliche al-Husayn b. Ali den Märtyrertod starb – ein Umstand, der ihm unter den Anhängern des schiitischen Islam den Beinahmen »Fürst der Märtyrer« einbrachte.

Das Kerbalaparadigma stellt archetypische Helden vor. Sowohl Täter als auch Opfer und tragische Protagonisten. Im Mittelpunkt der Heldenerzählung stehen der zum »Fürsten der Märtyrer« erhobene al-Husayn b. Ali und sein Halbbruder al-Abbas b. Ali (647–680). Die beiden sind die archetypischen Helden. Sie werden als mutig, edel und sündenfrei porträtiert. Daneben sticht die Figur der Schwester al-Husayns Zaynab bint Ali hervor, die paradigmatisch für die moralische Beispielhaftigkeit der alidischen Familie präsentiert wird. So soll sie nach der Schlacht das Überleben der verbliebenen Aliden garantiert haben.

Die Seite des »Bösen« wird durch die grausame und barbarische Armee des Yazid und seines Generals Schimr repräsentiert. Yazid wird als verwerflicher und korrupter Tyrann vorgeführt, der aus der Ferne die Geschehnisse steuert. Ihm werden die Schandtaten zugerechnet, die seine Handlanger begehen – insbesondere der grausame Befehlshaber Schimr, der al-Husayns Körper entweiht und enthauptet. Ein besonders dramatisches Beispiel bietet die Erzählung vom Helden al-Abbas b. Ali. Durch seine Taten nimmt er in der Erinnerung der schiitischen Gemeinschaften nicht nur eine wichtige Stellung ein, sondern ist auch für die politische Instrumentalisierung des Kerbalaparadigmas von großer Bedeutung: Um den Durst der belagerten Angehörigen zu stillen, durchbricht al-Abbas die Reihen des Feindes und fügt ihnen schwere Verluste zu. Er erreicht unversehrt den Fluss Euphrat und füllt einen mitgebrachten Wasserschlauch. Obwohl er selbst großen Durst leidet, verweigert er sich, aus dem Fluss zu trinken, aus Treue zur durstenden Familie seines Halbbruders. Mit dem gefüllten Wasserschlauch reitet er zurück ins Lager, als der betrügerische General der Gegenseite Umar b. Saad den Angriff auf al-Abbas anordnet. Dabei wird al-Abbas der rechte Arm abgetrennt, so dass er den Wasserschlauch in die linke Hand legt und seinen Weg fortsetzt. Doch er verliert auch seinen linken Arm im folgenden Pfeilhagel. Als daraufhin der Wasserschlauch getroffen wird, dreht al-Abbas sein Pferd um und stürmt auf den Feind zu. Er wird am Auge getroffen und stürzt zu Boden. Er stirbt mit dem letzten Wort der Treue gegenüber dem dritten Imam al-Husayn auf den Lippen: »Oh Bruder!«

Al-Abbas ist somit der Prototyp der Treue gegenüber der eigenen Gemeinschaft und vor allem gegenüber den Autoritäten dieser Gemeinschaft. In seinem Willen, die Unschuldigen und Hilflosen zu schützen und zu versorgen, stirbt er den heldenhaften Opfertod, ohne sich – im Moment des Todes – das eigene Scheitern gegenüber dem rechtmäßigen

Anführer der Gruppe einzugestehen. Er wählt das Martyrium nicht aus strategischen Überlegungen, sondern schlicht aus Treue zu al-Husayn. Hier treffen zwei Konzepte aufeinander: Der dritte Imam gibt sein Leben angesichts des Kampfes gegen Tyrannei und Unrecht, weil er Gerechtigkeit sucht. Durch die »Isma«, die den Imamen zu eigen ist, weiß er um seinen bevorstehenden Tod und wählt ihn bewusst. Er tritt für eine neue – die richtige und gerechte – Ordnung im Angesicht einer unrechtmäßigen Autorität ein. Sein Halbbruder, der andere zentrale Held der Geschichte, macht jedoch im Grunde genau das Gegenteil: Er opfert sein Leben in blinder Treue und Pflichterfüllung. Er opfert sich für die als rechtmäßig anerkannte Führung.

Vorbilder für Treue und Ordnung

Es ist daher von zentraler Bedeutung, welches der beiden Konzepte eine Gemeinschaft in den Vordergrund rückt, wenn sie sich die Schlacht bei Kerbala zum Vorbild nimmt. Dieselbe Geschichte enthält je nach Gewichtung der Erzählung im selben Maß Referenzen an Gehorsam – al-Abbas gegenüber seinem Halbbruder – und an Ungehorsam – al-Husayn gegenüber Yazid. So überrascht es nicht, dass in der Phase des revolutionären Iran die Figur al-Husayns, sein Kampf gegen Tyrannei und unrechtmäßige Herrschaft in den Vordergrund traten. Er wurde zum zentralen Helden der Erzählung aufgebaut. Im heutigen Iran ist es die Geschichte von al-Abbas treuem Kampf, die sich großer Beliebtheit erfreut. Da die Revolution erfolgreich war, ist nun nicht mehr der widerständige Held gefragt, sondern Menschen, die Treue und Gehorsam gegenüber der gerechten Ordnung zeigen.

Wenn nun jeder Ort Kerbala sein soll, jeder Tag Ashura und jeder Monat Muharram, dann scheint dies in erster Linie zu bedeuten: Das Drama dieses Tages, dieses Monats und dieses Orts wiederholt sich gemäß der schiitischen Glaubensvorstellung tagtäglich überall auf der Welt – für immer. Die Frage aber, was in diesem Drama verhandelt wird, ob es Gerechtigkeit, Treue, Moral oder Anstand ist, das zeigt sich erst, wenn von den Figuren berichtet wird und sie als Helden vorgestellt werden. Dabei ist eines gewiss: Den dramaturgischen Schlusspunkt bildet immer der heroische Opfertod. ◂

QUELLEN

Aghaie, K.S.: The martyrs of Karbala: Shi'i symbols and rituals in modern Iran. University of Washington Press, 2004

Dabashi, H.: Theology of Discontent: The ideological foundations of the Islamic Revolution in Iran. New York University Press, 1993

Fischer, M.M.J.: Iran: from religious dispute to revolution. University of Wisconsin Press, 2003

Mocht empfahen ein leibsſchaden
Mit den danncktzen was Er beladen
Yedoch der Held alwegen entran
Wie hernach wirt geſchriben ſtan

Wie Vnfalo den Edlen Tewrdannck in ein andre geferlicheit mit einem groſſen Peren füret.

25

Vnfalo als Jch hab geſeyt
Het funden ein anndre falſchheyt

DICHTUNG MIT SCHWERT UND FEDER

Von der Antike bis in die Frühe Neuzeit schufen Heldenepen ein Gemeinschaftsbewusstsein, dienten aber auch der Imagepflege und dem Nachruhm der Mächtigen.

Die Klassischen Philologen **Stefan Tilg** (links) und **Dennis Pulina** forschen zum Thema »Episches Heldentum in der Frühen Neuzeit« an der Albert-Ludwigs-Universität Freiburg.

▸▸ spektrum.de/artikel/1682514

Von einem riesigen Bären berichtet der Hirte Opheltes seinem Kaiser, nichts Schrecklicheres habe die Natur je hervorgebracht. Als seine Söhne einige Stiere zur Futterstelle trieben, seien Tiere und Menschen dem Monstrum zum Opfer gefallen. Maximilian I. (1459–1519) verspricht Hilfe und bricht am nächsten Tag zur Jagd auf. Von einem treuen Gefährten begleitet, trifft er in einem dunklen Tal auf den Bären. Wild schäumt dessen Maul, doch das Tier ahnt die Gefahr und flüchtet in eine Höhle. Unerschrocken setzt der Jäger ihm nach, ein Zweikampf Mensch gegen den Bären entbrennt. Als der Kaiser ihm ein Schwert in den Leib rammt, greift er umso wilder an. Maximilian stößt mit einer Lanze zu, treibt das Untier tiefer in die Höhle hinein. Und spaltet ihm schließlich den monströsen Schädel. So rettet der todesmutige Herrscher seine bedrohten Untertanen und stellt gleichsam den Frieden in seinem Reich wieder her.

Von dieser Heldentat berichtete der italienische Geistliche, Diplomat und Literat Riccardo Bartolini 1516 in Form eines in Latein publizierten »carmen heroicum« – zu Deutsch »Heldenlieds«. Als Kenner der antiken Literatur wetteiferte der Autor dabei mit den in gebildeten Kreisen nach wie vor renommierten antiken Dichtern vom Rang eines Homer oder Vergil. Diese waren Meister darin gewesen, Helden und Heldentaten so zu inszenieren, dass sie die Wahrnehmung der berichteten Vergangenheit wie der Gegenwart prägten. Beispielsweise waren Homers Achill und Odysseus als Bezugsfiguren im Selbstverständnis der Griechen fest verankert, Vergils Äneas gehörte später in derselben Funktion zur römischen Identität.

Der edle Ritter Theuerdanck, Protagonist des gleichnamigen Epos, erlegt einen wilden Bären. Die Illustration unterstrich den Mut des Adligen, der auf dem Weg zu seiner Braut allerlei Gefahren zu überstehen hatte. Theuerdank repräsentierte tatsächlich Kaiser Maximilian I., den Auftraggeber des Werks.

Auch nach der Antike riss die Tradition solcher Heldenepen nicht ab, verfasst in lateinischen Hexametern und voller Anspielungen an Themen und Motiven der griechischen und römischen Geschichte und Mythologie. Ein seinerzeit berühmtes Beispiel war die um 1180 verfasste »Alexandreis« des französischen Dichters Walter von Châtillon, einer zwar fiktionalen Biografie Alexanders des Großen, die sich aber vermutlich an dem Bericht des römischen Historikers Quintus Curtius Rufus aus 1. Jahrhundert orientierte. Doch nicht nur die Großen der fernen Vergangenheit taugten für ein Heldenepos: Der wohl ebenfalls um 1180 entstandene »Ligurinus« eines gewissen Gunter von Pairis, einem Kloster im Elsass, schilderte die heroischen Taten Kaiser Friedrichs I. Barbarossa, insbesondere seine Italienfeldzüge, gut 30 Jahre nachdem sie stattgefunden hatten.

Im Mittelalter kamen zwar auch volkssprachliche Epen hinzu, mit einfacherer Versform und oft Themen, die aus dem unmittelbaren Kulturkreis der Rezipienten stammten. Populär war etwa die Artussage, die höfische Dichter seit dem 12. Jahrhundert inspirierte, und das »Nibelungenlied« vom Anfang des 13. Jahrhunderts. Beide behandelten Themen der vom Rittertum geprägten Adelsgesellschaft. Allerdings blieben lateinische Epen bis um 1700 die prestigeträchtigste Form der Heldendichtung. In Oberitalien des

15. Jahrhunderts wurde es sogar regelrecht Mode, dass sich Fürsten und Söldnerführer in solchen Werken als Helden inszenieren ließen – in antiker Tradition.

Kaiser Maximilian I. sorgte dafür, dass dieser Trend nördlich der Alpen Fuß fasste. So war die Bärenhatz nur eine der von Bartolini in seinen »Austrias« geschilderten Taten. Im Kern feierte das Werk die Siege des Habsburgers im Landshuter Erbfolgekrieg 1504/1505. Dabei erhoffte dieser nicht nur den Heldenstatus zu Lebzeiten, er war vielmehr auf Nachruhm bedacht. »Wer ime im leben kain gedachtnus macht, / der hat nach seinem tod kain gedächtnus / und desselben menschen wird mit dem glockendon vergessen«, heißt es in Maximilians biografischem Roman »Weißkunig«, verfasst von seinem Sekretär Marx Treitzsaurwein und wohl unter starker Einflussnahme des Kaisers.

Auch »Theuerdank« war ein solches Gemeinschaftswerk (siehe Bild S. 38). Darin muss sich ein edler Ritter auf dem Weg zum Hof seiner Braut in zahlreichen Gefahren, vor allem auf der Jagd bewähren. Maximilian beschäftigte und förderte Künstler und Dichter in selten gesehenem Ausmaß, und so entstanden propagandistische Heldenepen, die in ihrer Anlage und Motivik deutlich den antiken Vorbildern folgten.

Homer und Vergil als Vorbilder

Das Kernthema der ersten Epen – »Ilias« und »Odyssee« – waren der Krieg und seine Folgen. Das hat die Gattung grundlegend ausgerichtet. Etwa um 700 v. Chr. schilderte Homer in oft blutrünstigen Bildern das zehn Jahre währende Ringen um Troja, den Sieg der Griechen und ihre oft hindernisreiche Rückkehr in die Heimat. Die von ihm porträtierte Adelsgesellschaft strebte nach Ehre zu Lebzeiten und Nachruhm im Tod, war von Wettkampf und Krieg geprägt. Zu jeder Zeit galt es, den sozialen Status zu verteidigen oder zu verbessern. Dabei schien Gewalt meist das beste Mittel. Lediglich Odysseus setzte zwar auch auf die List, doch letztlich zielte auch sie auf einen Vorteil im Kampf. Im Allgemeinen zeichneten sich die dargestellten Figuren durch Merkmale wie Tapferkeit, Geschick im Umgang mit Waffen und körperliche Stärke aus. Und durch die unbedingte Bereitschaft, im Kampf zu sterben.

Ein Bild Maximilians I. zierte das Frontispiz des Epos »Pronostichon«. »Sic ego sum Caesar Maximilianus orbis herus«, lautet die Botschaft. »So bin ich Kaiser Maximilian, Herr der Welt.« Auf dem Baldachin prangt S.P.Q.R., das Hoheitszeichen des Römischen Reichs. Damit machte der Künstler deutlich, dass Maximilian in der Nachfolge der Cäsaren stehe.

»Ilias« und »Odyssee« boten zudem Bausteine, die man noch in den lateinischen Epen der Frühen Neuzeit entdeckt, beispielsweise Szenen von Ankunft, Rüstung und Auszug der Helden, Auflistungen von Truppen und Schiffen oder von Boten übermittelte Nachrichten. Ein charakteristisches Element des Genres sind freilich die Kampfszenen, seien es Einzelkämpfe, mitunter kettenartig miteinander verflochten, sei es das große Schlachtengemälde, der Massenkampf. Die eigentliche Bewährung eines Helden erfolgte aber stets im Duell Mann gegen Mann. Selbst fiktive Heldenepen unserer Zeit wie »Star Wars« oder »Herr der Ringe« setzen auf diese bewährten Formelemente.

Um spezifische Fähigkeiten des Protagonisten wie Schnelligkeit, Scharfsinn oder Waffenfertigkeit zu betonen, nutzte Homer Analogien etwa zu Naturerscheinungen oder symbolträchtigen Tieren. Als zum Beispiel der griechische König Menelaos den trojanischen Recken Euphorbos erschlägt und der Rüstung beraubt, wagt sich ihm niemand zu nähern, so wie sich Hirten furchtsam zurückhalten, wenn »ein Löw, im Gebirge genährt, der Stärke vertrauend, hascht aus der weidenden Herde die Kuh«.

Noch deutlicher erweist sich die Außerordentlichkeit eines Heroen und das Übermenschliche in seinem Handeln durch den Vergleich mit einer mythischen Figur oder einer Gottheit. Dabei repräsentierten die Götter eine transzendente Ebene, die einen Teil des Charismas eines Heroen ausmachte. Eine Besonderheit homerischer Epen ist, dass ihr Personal fast nur aus Helden besteht, gleichwohl gibt es eine Rangfolge. So vermögen nur wenige Spitzenkräfte, die Unsterblichen wahrzunehmen oder gar mit ihnen zu kämpfen. Es sind Männer wie Diomedes, der König von Argos. Als die Göttin Aphrodite in eine Schlacht eingreift, um den in Bedrängnis geratenen trojanischen Prinzen Äneas zu schützen, erkennt Diomedes sie nicht nur, er verletzt sie sogar und treibt sie in die Flucht. Damit gehört er einer kleinen Elite der von Achill angeführten Heldengemeinschaft an.

Die Götter bildeten einen wesentlichen Bestandteil der von Homer geschilderten Gesellschaft wie auch der seiner eigenen Zeit. Sie griffen in die Welt der Menschen ein, kämpften an ihrer Seite oder gegen sie. Dass der Trojanische Krieg mit einem Schönheitswettstreit unter Göttinnen begann, der in der Welt der Menschen schicksalhaft in die Katastrophe mündete, zeigt, wie eng verflochten man die Sphären erachtete. Das lieferte dem Dichter weitere gestalterische Optionen: Homer schilderte neben Kampfszenen mit Göttern auch Götterversammlungen, Visionen und hellsichtige Träume.

AUF EINEN BLICK
EIN KAISER ALS HELD

1. Die antiken Epen »Ilias«, »Odyssee« und »Aeneis« begründeten eine Tradition der Heldenerzählungen, die erst im 18. Jahrhundert beendet wurde.

2. Bereits Vergil verknüpfte mythische und realpolitische Personen, insbesondere Äneas mit Kaiser Augustus. In Mittelalter und Früher Neuzeit griffen Dichter dies auf, um Herrscher als antike Helden zu inszenieren.

3. Ungewöhnlich viele solcher Epen heroisierten Kaiser Maximilian I. (1459–1519), oft wohl in seinem Auftrag. Er versprach sich davon Anerkennung, Legitimation der Herrschaft und Nachruhm.

ÖSTERREICHISCHE NATIONALBIBLIOTHEK (GIOVANNI MICHELE NAGONIO: CARMINUM LIBRI III IN LAUDEM MAXIMILIANI I. IMPERATORIS. NADI, 1508; HTTP://DATA.ONB.AC.AT/REP/1002752B)

Dass Halbgötter wie Herkules zu einer Hälfte Mensch und damit sterblich waren, ermöglichte Identifikation und Orientierung, die »imitatio heroica«. So versuchte Alexander der Große zum Achill seiner Zeit zu werden (siehe »Bilder, Mythen, Wirklichkeit«, **Spektrum** Spezial Archäologie Geschichte Kultur 1/2019, S. 62). Zur Menschlichkeit gehörten aber auch problematische Charakterzüge. »Den Zorn singe, Göttin, des Peleus-Sohn Achilleus«, beginnt die »Ilias«. Vom Heerführer Agamemnon in seiner Ehre verletzt, verweigerte sich der stärkste Kämpfer der Griechen dem Krieg und brachte seine Gefährten damit in eine kritische Lage. Wie Zorn und richtiges Handeln miteinander vereinbar seien, diskutierten Gelehrte in allen Epochen.

Mythos und Politik

Das erste Epos in lateinischer Sprache entstand fast 500 Jahre nach Homer, und es war eine Übersetzung der »Odyssee«. Der trojanische Sagenkreis blieb auch in der römischen Kultur wegweisend, der Schwerpunkt lag aber auf dem trojanischen Prinzen Äneas, galt dieser doch nach manchen Erzählungen als Großvater des Romgründers Romulus und damit als mythischer Ahnherr aller Römer. Mit der »Aeneis« schuf der schon in seiner Zeit berühmte Dichter Vergil ein Nationalepos. In geschliffenen Versen schilderte er die Flucht des Prinzen aus Troja, seine Irrfahrten auf dem Mittelmeer, die Landung und Kämpfe in Italien. Der Dichter nahm die Arbeit vermutlich bald nach der Schlacht von Actium 31 v. Chr. auf, mit der ein blutiger Bürgerkrieg endlich endete. Innerhalb weniger Jahre ordnete der Sieger Oktavian den Staat neu und installierte – nunmehr als Augustus – seine Kaisermonarchie unter dem Deckmantel einer scheinbar wiederbelebten Republik.

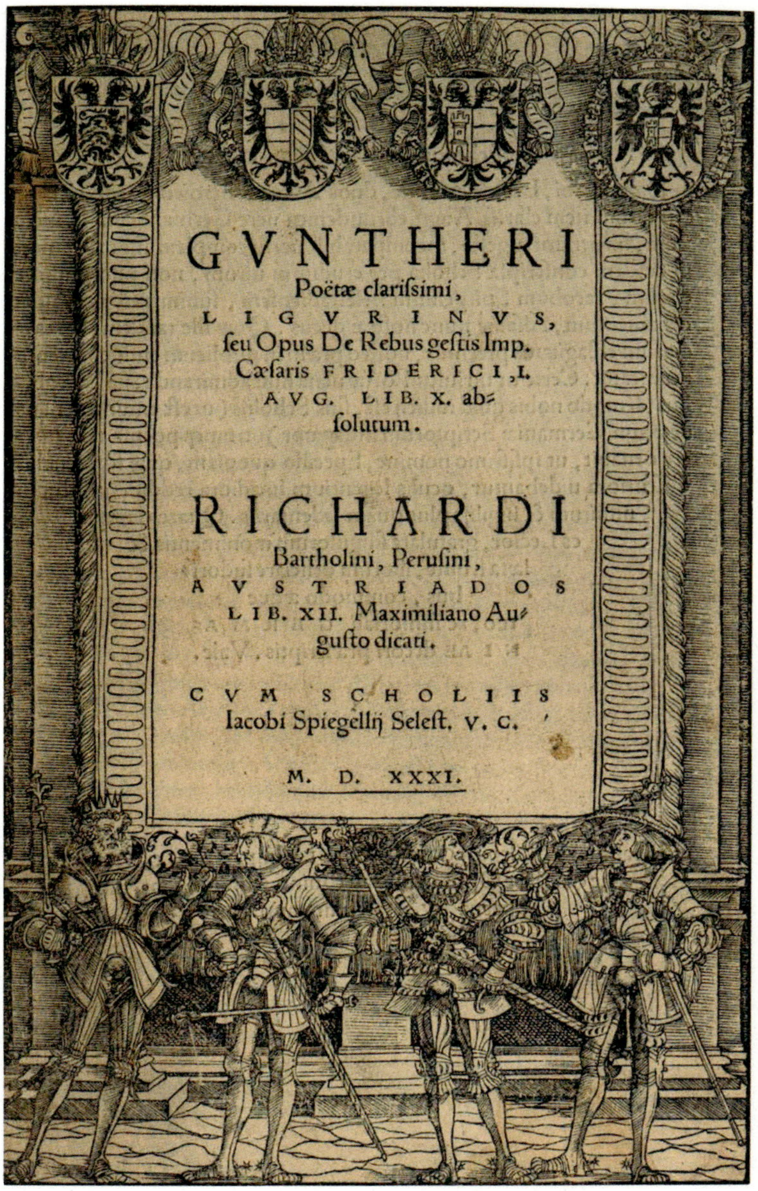
GVNTHERI Poëtæ clariſsimi, LIGVRINVS, ſeu Opus De Rebus geſtis Imp. Cæſaris FRIDERICI, I. AVG. LIB. X. abſolutum.

RICHARDI Bartholini, Peruſini, AVSTRIADOS LIB. XII. Maximiliano Auguſto dicati.

CVM SCHOLIIS Iacobi Spiegellij Seleſt. V. C.

M. D. XXXI.

1531 brachte Jakob Spiegel das Barbarossa gewidmete Heldenepos »Ligurinus« und Maximilians »Austrias« anlässlich der Wahl von Ferdinand I. zum römisch-deutschen König neu heraus.

Für die Römer brach ein goldenes Zeitalter an – der »augusteische Friede«. Zu Beginn seines Werks ließ Vergil keinen Geringeren als Jupiter selbst einen solchen Zustand für Äneas' Nachkommen prophezeien. Über diesen Kunstgriff verknüpfte Vergil Roms mythischen Ursprung mit seiner Gegenwart unter Augustus und verlieh der römischen Herrschaft über die Welt die Weihe einer göttlichen Absichtserklärung. Dieses Zulaufen einer epischen Handlung auf einen Fluchtpunkt der Geschichte sollte die literarische Gattung ebenfalls prägen.

So wurde auch Kaiser Maximilian I. in den ihm gewidmeten Epen zum Friedensbringer. Insbesondere schilderte das »Pronostichon« (deutsch »Weissagung«) eines gewissen Giovanni Nagonio wohl aus dem Jahr 1494 eine fiktive Heerfahrt Maximilians nach Rom. Dort habe er anlässlich der Krönung zum Kaiser nicht nur zugesagt, die in Ruinen liegenden antiken Kultstätten wiederaufbauen lassen, sondern überdies, dass Rom erneut zum mächtigen Zentrum eines Imperiums aufsteigen solle. Mit Maximilian werde sich also die Jupiterprophetie der »Aeneis« gleichsam endgültig erfüllen, so verkündete es das von Papst Alexander VI. beauftragte Werk.

Ein weiteres wegweisendes Element des vergilschen Epos war ein Gang in die Unterwelt, »Katabasis« genannt. Dabei traf der Prinz seinen verstorbenen Vater, diverse Trojaner und andere Personen, die auf seiner Irrfahrt eine Rolle gespielt hatten. In der als »Heldenschau« bezeichneten Szene blickte er schließlich in die Zukunft und sah Könige und Feldherren der römischen Geschichte hin bis zu Augustus. Unterweltsfahrten und Zukunftsschauen wurden zu typischen Bausteinen des lateinischen Epos. Sie machten historische Prozesse erfahrbar und stifteten überdies eine kollektive Identität: Alle Rezipienten teilten einen gemeinsamen Ursprung und ein Ziel der Geschichte. Vergils

Verweis auf das Friedensprojekt des Augustus zeigt, dass sein Epos eine politische Agenda hatte. Das wurde auch von späteren Generationen so gesehen – die »Aeneis« avancierte zum Muster einer Herrschaft legitimierenden Erzählung.

Noch im Ausklang der Antike begannen Autoren, ihre Fürsten und Feldherren als Helden zu inszenieren. Reale Zeitgeschichte ersetzte die mythische Vorgeschichte. Im Mittelalter entstanden zum Beispiel Heldenlieder auf Kaiser Karl den Großen (742–814), Kaiser Berengar I. (etwa 850–924) und König Philipp II. von Frankreich (1165–1223). Eine Besonderheit des erwähnten »Ligurinus«, der die oberitalienischen Feldzüge Barbarossas behandelte: Das Werk erreichte gut 300 Jahre nach der Niederschrift weite Verbreitung, als es der deutsche Humanist Konrad Celtis 1507 erstmals in gedruckter Form herausgab, auch zur Legitimation von Maximilians Politik.

Celtis, der von dem Habsburger als Dozent für Rhetorik und Poetik an die Universität Wien berufen worden war, betrachtete Barbarossas Italienpolitik als »Präfigurat« für jene Maximilians, vergleichbar alttestamentlicher Prophezeiungen, die im Neuen Testament als Hinweise auf Jesus Christus gedeutet werden. So wie Jonas drei Tage lang im Wal lag, so lag Christus drei Tage lang in seinem Grab. Nach diesem Muster würden also Maximilians künftige Feldzüge ebenso erfolgreich enden wie einst Barbarossas Unternehmungen.

Ein »mildtätiger« Söldnerführer

Eine solche Bezugnahme auf frühere Helden findet sich häufig in lateinischen Epen der italienischen Renaissance, etwa wenn in der »Sphortias« über dem Söldnerführer Francesco Sforza (1401–1466) eine Flamme als göttliches Zeichen erscheint wie einst über dem Äneas. Mit dieser Symbolik suggerierte der Autor Francesco Filelfo (1398–1481) ein äquivalentes Heldentum wie auch ein vergleichbares Ziel des heroischen Handelns: Äneas wirkte auf den später von Augustus errichteten Frieden hin; Sforza eroberte Mailand und begründete eine einflussreiche Dynastie. Gleichwohl barg die »Sphortias« eine gewisse Ironie, schilderte Filelfo den Protagonisten doch als besonders mildtätig, das lebende Vorbild hingegen zeichnete sich bekanntermaßen durch besondere Brutalität aus. Der Humanist Erasmus von Rotterdam (etwa 1467–1536) bemerkte ganz allgemein, nichts diene dem Vorwurf der Gewalttätigkeit besser, als die betreffende Person besonders milde darzustellen.

Sforza war einer der ersten italienischen Herrscher, für den ein »carmen heroicum« geschrieben wurde, doch das Beispiel machte bereits Schule. Ein lateinisches Epos, das den Protagonisten in eine Reihe mit Achill oder Äneas stellte, galt als Garant für nachhaltigen Ruhm. Schließlich las man in hochmögenden Kreisen die antiken Autoren, und die Gebildeten Europas verständigten sich in Latein. Überdies erschloss es dem Dichter das antike Formen- und Ausdrucksrepertoire.

Der von der Idee seines Ruhmeswerks begeisterte Maximilian I. nutzte das Potenzial dieser literarischen Form wie kaum ein anderer. So setzte ihn der Kampf mit dem Riesenbären schon im Einstieg der »Austrias« als Heros in Szene. Zudem war die Szene eine Reverenz an die Jagdleidenschaft des Kaisers. Mehr noch, diese Heldentat assoziierte ihn mit dem mythischen Herkules. Denn dieser erlegte bei Nemea auf dem Peloponnes einen monströsen Löwen, einen Abkömmling des mythischen Ungeheuers Echidna, das auch den Höllenhund Kerberos und die Sphinx geboren hatte. Und laut dem Autor Bartolini war es zudem ein Vorfahr jenes Bären, von dem der Kaiser die Welt befreite. Diese Tat verband ihn mit allen Helden aus Sagen und biblischen Geschichten, die Drachen, Schlangen und sonstige Monster töteten, vom Erzengel Michael bis hin zu Beowulf und Siegfried.

Der Kampf mit dem Bären ist nur ein Beispiel dafür, wie Bartolini die Klaviatur heroisierender Motive einsetzte, um den Kaiser in die jahrhundertealte epische Tradition einzuschreiben und so unsterblich zu machen. Bei den Zeitgenossen hatte das Unternehmen Erfolg. Wie Celtis den »Ligurinus« Barbarossas ein Jahr vor der Kaiserproklamation Maximilians 1508 herausgegeben hatte, veröffentlichte der elsässische Humanist Jakob Spiegel (1483–1547) den »Ligurinus« zusammen mit der »Austrias« 1531 anlässlich der Wahl des Habsburgers Ferdinand I. zum römisch-deutschen König (siehe Bild links). In beiden Fällen propagierten die epischen Heroisierungen auch eine »translatio imperii«, das heißt, den Übergang der einstigen Größe Roms auf das Heilige Römische Reich, wie es der politischen Theorie im Mittelalter entsprach. Bemerkenswert ist, wie akribisch und umfangreich Spiegel die von ihm herausgegebenen Epen kommentierte. Dergleichen war sonst nur bei antiken Klassikern üblich.

Dass Maximilian I. ewiger Ruhm dank der lateinischen Heldenepik letztlich verwehrt blieb, ist unter anderem literarischen und politischen Entwicklungen geschuldet: Im 18. Jahrhundert löste der mit bürgerlichen Werten und Milieus assoziierte Roman das mit dem Adel verbundene Epos als führende Gattung der erzählenden Literatur ab. Außerdem gerieten lateinische Werke gegenüber den in der jeweiligen Volkssprache verfassten ins Abseits, da sie nicht recht zu den aufflammenden nationalen Ideen passten. Neue Formen herrschaftlicher Selbstrepräsentation waren gefragt; heute ist die lateinische Maximiliansepik selbst Forschern kaum noch bekannt. ◂

QUELLEN

Jahn, S.: Der Troia-Mythos. Rezeption und Transformation in epischen Geschichtsdarstellungen der Antike. Böhlau, 2007

Klecker, E.: Lateinische Epik für Maximilian. In: Kaska, K. (Hg.): Kaiser Maximilian I. Ein großer Habsburger. Residenz, 2019, S. 84–93

Rüpke, J. (Hg.): Von Göttern und Menschen erzählen. Formkonstanzen und Funktionswandel vormoderner Epik. Potsdamer Altertumswissenschaftliche Beiträge 4. Franz Steiner, 2001

Tilg, S., von den Hoff, R.: »Homerische Helden«. In: Asch, R. et al. (Hg.): Compendium heroicum, publiziert vom Sonderforschungsbereich 948 »Helden – Heroisierungen – Heroismen« der Universität Freiburg, Freiburg 11.01.2018. DOI: 10.6094/heroicum/homerische-helden

Hochgerüstete Ritter entschieden die Schlachten des Mittelalters – so folgerten jedenfalls Historiker im 19. Jahrhundert anhand etwa der höfischen Literatur (im Bild: König Richard I. Löwenherz und seine Ritter schlagen 1191 die Muslime bei Arsuf zurück; Illustration von Gustave Doré in einer 1877 veröffentlichten Kreuzzugsgeschichte).

AKG IMAGES

MITTELALTER
DER MYTHOS VOM EDLEN RITTER

In unserer Vorstellung gehören die gepanzerten Reiter zum Mittelalter, als Streiter für Witwen und Waisen, als die schlagkräftigste Waffengattung ihrer Zeit. Doch nun erklären Forscher dieses Bild zur Fiktion.

Von **Klaus-Dieter Linsmeier** nach Informationen des Freiburger Forschungsprojekts »Ritter, Herrscher, Helden. Heroische Deutungsmodelle kriegführender Eliten im europäischen Hochmittelalter«.

⏩ spektrum.de/artikel/1682520

Historiker nennen Kaiser Maximilian I. (1493–1519) den »letzten Ritter«. Denn als sich das Mittelalter bereits dem Ende zuneigte, ließ der Habsburger in Porträts und Heldenliedern die Ideale des Ritterstands noch einmal aufleben, inszenierte sich als edlen Helden, der um Ehre und Gerechtigkeit willen den Kampf sucht, Mann gegen Mann oder Mann gegen Ungeheuer (siehe »Mit Schwert und Feder« ab S. 38). Dabei war eine solche Selbstinszenierung schon damals ein Anachronismus, der Historiker verwundert.

Denn Maximilian wusste als erfolgreicher Kriegsherr sehr wohl um die militärische Wirklichkeit seiner Zeit. Offene Feldschlachten, in denen gepanzerte Reiterkrieger hätten brillieren können, bildeten die Ausnahme. Wer Krieg führte, belagerte meist gut verteidigte Städte. Kanonen zertrümmerten ihre Mauern, die Söldner zu erstürmen versuchten. Diese waren als Berufssoldaten einfacher zu rekrutieren als adlige Ritter, die auf Grund von komplizierten Eiden und Dienstverpflichtungen für einen Fürsten in den Krieg zogen. Auch in der Bewaffnung waren Söldner flexibler: Bogen und Armbrust etwa galten einem Edlen lediglich als Jagdwaffe. Der Trend ging daher zu hochmobilen, nichtberittenen Kampfeinheiten.

Der christliche Ritter, der mal für die gute Sache kämpft, mal Minnelieder vorträgt, erweist sich nach Ansicht der Freiburger Mittelalterhistoriker um Jürgen Dendorfer als reines Idealbild, als in jener Epoche übliche Schablone für die Heroisierung. Damit betreten die Forscher Neuland, denn bislang galt das Interesse ihrer Zunft eher dem Entstehen des Ritterstands oder seiner Kultur, nicht der militärischen Praxis. Unter anderem aus der höfischen Literatur extrahieren Historiker seit dem 19. Jahrhundert meist ein Rittertum, das mit der Wirklichkeit wohl wenig gemein hat.

Das zeigte sich schon lange vor Maximilian I., etwa im anglo-französischen Hundertjährigen Krieg: In den Schlachten von Crécy (1346), Poitiers (1356) und Azincourt (1415) starben französische Ritter im Pfeilhagel englischer Langbogenschützen (siehe Bild S. 46). Bis zu zwöf Pfeile pro Minute, dazu eine hohe Durchschlagskraft selbst auf große Distanz – dagegen wussten gepanzerte Reiter zunächst kein Mittel. Zudem mangelte es ihnen an Wendigkeit, wie auch der Sieg Schweizer Bauern über habsburgische Ritter bei Sempach 1386 offenbarte. Die Adligen passten sich zwar an, verstärkten ihre Rüstungen und formierten sich mit einer Gruppe Fußkämpfer zu kleineren Kampfeinheiten. Doch wenn es gegen eine Stadt ging, konnten sie ihre Stärke nur im Umland wirklich ausspielen und – wenig heldenhaft – den gegnerischen Nachschub abschneiden sowie Schrecken verbreiten.

Die überraschende Diskrepanz zwischen der militärischen Wirklichkeit und unserer Vorstellung vom Rittertum lässt sich Dendorfer zufolge sogar bis zu seinen Anfängen im 11. und 12. Jahrhundert zurückverfolgen. Aus vormals unfreien »Ministerialen«, wie man im frühen Mittelalter Kämpfer und Verwalter der Könige und des hohen Adels

AUF EINEN BLICK
KULTIVIERTE GEWALT

1. Ritter gelten traditionell als zentrales Element mittelalterlicher Kriegsführung, ein Ehrenkodex und eine höfische Kultur als essenzielle Elemente des Rittertums.
2. Neuere Quellenstudien zeigen jedoch, dass erfolgreiche Belagerungen oft wichtiger waren als die Feldschlacht. Andere Waffengattungen trugen daher nicht minder zum Sieg bei.
3. Offenbar war das Rittertum ein Ideal, das im Mittelalter der Heroisierung des Adels und der Herrscher diente. Für die militärische Praxis spielte es kaum eine Rolle.

ALAMY / WORLD HISTORY ARCHIVE

Die Schlacht von Crécy 1346 während des Hundertjährigen Kriegs wurde nicht von Rittern, sondern von englischen Langbogenschützen entschieden, die beim Adel schlecht angesehen waren.

nannte, entwickelte sich durch den Kriegsdienst ein Stand des niederen Adels. Der legitimierte sich nicht zuletzt durch die Kreuzzüge ins Heilige Land – wer im Namen Gottes gegen die Heiden kämpfte, dem konnte die Kirche das Ausüben von Gewalt nicht absprechen.

Zudem entwickelte der Ritterstand einen Ehrenkodex, der Willkür oder ungezügelte Brutalität ausschloss, insbesondere gegen einen bereits unterlegenen Gegner. Überdies gebot er dem Recken, hilfsbedürftige Frauen, Witwen und Waisen zu schützen. Auf dieser Grundlage entwickelte sich eine höfische Kultur, zu der Tischsitten ebenso gehörten wie das Minnelied. Außerdem spezifische Rituale wie die Schwertleite beziehungsweise später der Ritterschlag und Turniere mit ihren Gruppenkämpfen (siehe Bild rechts). Dieses Rittertum prägte das Selbstverständnis aller Adelsschichten bis hin zu den Monarchen.

Dass man die militärische Praxis davon unterscheiden muss, illustriert William Marshall, Earl of Pembroke, eine Ikone der Formationszeit. Als zweiter Sohn eines eher unbedeutenden Adeligen war er ohne jede Aussicht auf Land und Titel geboren worden, dennoch errang William einen der höchsten Adelstitel Englands. Das ist umso erstaunlicher, als er nur selten auf einem Schlachtfeld zu finden war. Eine bald nach seinem Tod 1219 in Versen verfasste Biografie verrät aber: William bewährte sich im Dienst diverser Herren und siegte in Zweikämpfen wie in zahllosen Turnieren. Als Belohnung für diese Heldentaten gab ein Earl ihm eine Tochter zur Frau. Für den Biografen, so meinen die Freiburger, zeichnete dieser Lebensweg Marshall sogar aus: Statt sich mit Blut zu besudeln wie ein gemeiner Söldner, praktizierte er die Ideale des Rittertums. Ein weiterer Beleg für die These, dieses habe keinen maßgeblichen Anteil am militärischen Alltag gehabt.

Die Nagelprobe bildet das Studium eines Kriegsberichts: In den »Gesta Friderici Imperatoris«, den »Taten Kaiser Friedrichs«, behandeln Bischof Otto von Freising und später sein Kaplan Rahewin die ersten beiden Italienfeldzüge Friedrich Barbarossas (König 1152–1190). Dendorfer und sein Team prüfen, ob von Freising und Rahewin bei ihren Schilderungen ritterlichen Qualitäten Gewicht beimessen.

Nicht jeder adelige Reiter war auch ein Ritter

Mit dem Anspruch, auch oberster Richter zu sein, hatte Barbarossa ab 1154 in Konflikte zwischen italienischen Städten eingegriffen. Unter anderem nahm er, von zahlreichen Kommunen unterstützt, Partei gegen Mailand. Im Mittelpunkt vieler Episoden der »Gesta« stehen mit Helm, Harnisch, Lanze und Schwert ausgestattete und als »milites« bezeichnete adelige Reiterkrieger. Waren das also Ritter? Zwar gewinnen die »milites« Zweikämpfe und vollbringen Heldentaten, doch dergleichen berichteten die beiden Geistlichen auch von Ingenieuren und Fußknechten, wenngleich seltener. Spezifische ritterliche Tugenden oder Umgangsformen erwähnen sie keine, dafür zeitlose Heldenmerkmale wie Tapferkeit, Kühnheit und Todesmut.

Den »Gesta« zufolge hatten die gepanzerten Reiter schon zu Barbarossas Zeit Konkurrenz: Über Seiten hinweg schrieb der Bischof von Belagerungstürmen, Rammböcken, beweglichen Schutzdächern und Wurfmaschinen, Werken

ALAMY / HISTORIC IMAGES

Um sich als Ritter zu inszenieren, war eine Teilnahme an Kriegen nicht erforderlich. Wichtiger war es, die Rituale des Rittertums zu pflegen. Dazu gehörten vor allem Turniere.

der kaiserlichen Ingenieure. Bezeichnend ist auch Rahewins Beschreibung der Marschfolge beim Zug gegen Mailand: Den Anfang machten »milites« und Spezialisten für die Beseitigung von Hindernissen und für den Wiederaufbau vom Feind zerstörter Brücken. Möglicherweise dienten ihnen die »milites« als Aufklärer und Geleitschutz. Es folgten die Knechte der Ritter und Fußsoldaten. Sodann marschierten diejenigen, die laut den »Gesta« beispielsweise »Maschinen zum Erobern der Stadt und andere Wurfgeräte« transportierten. Den Abschluss des Heerzugs formte die Masse der Söldner.

Dass die »milites« an der Spitze ritten, unterstreicht zwar ihren Rang, doch die Eroberung Mailands war eine Aufgabe für viele. Mehr noch, die geistlichen Autoren bewerteten die berichteten Handlungen nach ihrer militärischen Effizienz. Und da konnten Kühnheit und Wagemut – ritterliche Ideale – fehl am Platz sein, wenn sie eine Operation gefährdeten. Geriet eine Gruppe von Adligen durch unüberlegtes Vorpreschen in einen Hinterhalt, wurden die Überlebenden sogar von Barbarossa persönlich getadelt.

Aber deutet nicht die häufigere Erwähnung der von Adligen vollbrachten Heldentaten durchaus auf eine militärische Schlüsselrolle dieser Kämpfer hin – womit man wieder bei der Identifikation mit Rittern wäre? Die Freiburger Historiker winken ab. Vermutlich entstand das Werk auf Anregung und im Austausch mit dem Hof, das Publikum waren die Angehörigen der Führungsschicht. Was den beiden Geistlichen als berichtenswert erschien, war somit gesellschaftlich motiviert. Ihr Werk sollte die Feldzüge nicht dokumentieren, sondern diente einer höfischen Elite dazu, ihr Weltbild zu bestätigen. Und das verlangte nun einmal eine Heroisierung der Taten von Männern ihres Standes, mochten auch Söldner und Ingenieure die Löwenarbeit geleistet haben. Ob Lanzelot oder Prinz Eisenherz – das Rittertum war wohl von Anfang an eine gesellschaftliche Utopie. Oder wie Dendorfer es formuliert: »Schon der erste Ritter war bereits der letzte.« ◂

QUELLEN

Clauss, M.: Ritter und Raufbolde: Vom Krieg im Mittelalter. Primus, 2009

Kadell, N.: Farewell to the king. Spektrum, 2019

Kortüm, H.-H.: Kriege und Krieger, 500–1500. Kohlhammer, 2010

Prietzel, M.: Kriegsführung im Mittelalter. Schöningh, 2006

MIT FRDL. GEN. VON BELVEDERE, WIEN; FOTO: JOHANNES STOLL (MARCANTONIO ALTOMONTE: PRINZ EUGEN UNTER DEN GÖTTERN IM OLYMP.
UNTERES BELVEDERE, MARMORSAAL, DETAILANSICHT)
1715–16/17: FRESKO

BAROCK
HELDEN DER KUNST

Im 17. Jahrhundert investierten Fürsten und Könige massiv in die schönen Künste. Während sie sich in Kriegszeiten als siegreiche Heroen inszeniert hatten, priesen Gemälde sie nun im Frieden als Helden der Kulturförderung.

Die Kunsthistorikerin **Christina Kuhli** ist Wissenschaftliche Mitarbeiterin an der Universität Hamburg. Zu ihren Forschungsschwerpunkten gehört die Kunst- und Kulturgeschichte des Barocks bis zur Gegenwart.

» spektrum.de/artikel/1682522

30 Jahre Krieg auf deutschem Boden – wie tief mögen die Schrecken des nicht enden wollenden Ringens um Glaube und Macht die Menschen des 17. Jahrhunderts geprägt haben (siehe »Der Dreißigjährige Krieg«, **Spektrum** Spezial Archäologie Geschichte Kultur 1/2018)? Auch das Bild, das sie sich von Helden machten, blieb davon nicht unberührt. Sicherlich zementierten die Erfahrungen von Schlachten und Belagerungen die Vorstellung, ein Herrscher müsse auch ein siegreicher Kriegsherr sein. Doch dies war nur eine Seite der Medaille. Die andere war die große Bedeutung der Repräsentation – ein Herrscher wollte sich im besten Licht zeigen. Und so traten beispielsweise deutsche Fürsten als zukunftsgewandte Kulturförderer auf, als Mäzene und Sammler antiker wie zeitgenössischer Werke. Sich regelrecht als Helden der Kunst zu inszenieren bot neue Möglichkeiten, Machtbereiche abzugrenzen und Rivalitäten auszutragen.

Kriegsheld und Kunstheld – beide ließen sich mühelos verbinden, denn nicht nur blühte die Kunst im Frieden auf, sie konnte den Krieg auch zum Thema nehmen und zivilisieren, etwa in Form kaum noch für den Kampf tauglicher Prunkrüstungen, in der Malerei oder dem Standbild (siehe »Herkules, Neptun & Co.«, S. 54).

Dass ein visuelles Zurschaustellen von Größe, Macht und Tugend besondere Wirkung entfaltete, war den konkurrierenden Herrscherhäusern des Barocks sehr bewusst. Dafür entstand sogar eine eigene Bildsprache: Statt an kämpferischen Posen erkannte der Betrachter das Heroische schon an Attributen wie der Keule des Herkules oder der Einbettung der Szene in einen bedeutungsschwangeren architektonischen Rahmen, beispielsweise einen Tempel oder eine Säulenarkade.

Prinz Eugen Franz von Savoyen-Carignan kommandierte Österreichs Truppen erfolgreich in den Türkenkriegen. Die Wanddekorationen im Marmorsaal seines Schlosses Belvedere spielen auf sein militärisches Können an, ein opulentes Deckenfresko zeigt ihn hingegen als Jünger Apolls, den die Götter Fama, Minerva und Merkur auf den Olymp führen.

AUF EINEN BLICK
MARTIALISCHE MUSENFREUNDE

1. Im Krieg ein Sieger, im Frieden ein Förderer der Künste – in der Frühen Neuzeit entwickelten sich neue Formen, Herrschaft zu legitimieren.

2. Der »Kunstheld« war demgemäß eine eigenständige Form der Heroisierung eines Fürsten, die seine Bemühungen um die Kulturförderung rühmte.

3. Wie der Kriegsheld konnte er dabei als eine antike Figur aus Geschichte oder Mythologie dargestellt werden, etwa als eine die Künste schützende Gottheit wie Apoll oder Minerva.

Zudem zeigten die Künstler ihre Mäzene umgeben von aus der Antike bekannten Figuren. Gottheiten wie Apoll und Minerva – so die übliche Benennung in zeitgenössischen Quellen – boten sich dafür an: Ersterer galt als Gott der Dichter und Schutzherr der Musen, Letztere wurde für ihre Weisheit, kluge Kriegsführung sowie für ihr Patronat der Wissenschaften und Künste verehrt. Zum Beispiel halten Apoll und Herkules, der Inbegriff eines Kämpfers, auf einer Deckenmalerei in der Wiener Hofbibliothek ein Medaillon mit dem Profilbild des habsburgischen Kaisers Karls VI. (1685–1740). Sie personifizieren somit dessen militärische Tugenden im Krieg wie seine musischen Interessen im Frieden.

Auch Eugen Franz von Savoyen-Carignan (1663–1736) pflegte ein Image, das Kunst und Krieg miteinander verknüpfte. Der besser als Prinz Eugen bekannte Oberbefehlshaber der habsburgischen Truppen verdrängte das Osmanische Reich in den so genannten Türkenkriegen, weshalb er als Kriegsheld galt. 1700 holte ihn Kaiser Leopold I. (1640–1705) in den Geheimen Rat, einen einflussreichen Beraterstab. In seiner Repräsentation erschien der erfolgreiche Militär als Herkules, als Mäzen und Kunstsammler aber setzte Prinz Eugen auf Apoll – etwa beispielhaft in den illusionistischen Deckengemälden seines Schlosses Belvedere in Wien (siehe Bild S. 48).

Königin Christina von Schweden überzeugte als Regentin in den Zeiten des Dreißigjährigen Kriegs, war aber auch sehr kulturbeflissen. Beide Seiten verkörperte ihr Porträt als römische Minerva.

AKG IMAGES (JUSTUS VAN EGMONT: KÖNIGIN CHRISTINA VON SCHWEDEN ALS MINERVA, 1674; STOCKHOLM NATIONALMUSEUM)

Ein Herkules als Förderer feinsinniger Künste

Gern wurden die Auftraggeber selbst als Götter der Kunst oder als antike Staatslenker wie Alexander der Große, Cäsar oder Augustus dargestellt. Beliebt war zudem »Herkules musagetes«, die friedliche Seite des Halbgotts: Nachdem er seine zwölf Taten vollbracht und diverse Gegner besiegt hat, setzt Herkules seine Kräfte nun ein, um wie Apoll die Musen zu beschützen, daher der Name. Gab es ein besseres Sinnbild für einen Fürsten, der sich nicht mehr als Feldherr beweisen musste, sondern als tugendhafter Herrscher auf der Grundlage des im Krieg Erreichten für Kultur und Gemeinwohl wirkte?

Ein Paradebeispiel bietet Königin Christina von Schweden (1626–1689), von ihren Zeitgenossen als »Nordische Minerva« bezeichnet. Die Thronerbin des in der Schlacht von Lützen gefallenen Gustav II. Adolf (1594–1632), einer der markantesten Figuren des Dreißigjährigen Kriegs, bewies Stärke, Willenskraft und Intelligenz – nach damaliger Auffassung männliche Qualitäten. Hinzu kamen weibliche: eine ausgeprägte Sprachbegabung und großer Kunstsinn. So hatte sie kurz vor Ende der Kriegshandlungen die Kunstsammlung der Prager Burg plündern und die aus ihrer Sicht besten Stücke nach Stockholm bringen lassen. Im Frieden allerdings geriet die Königin in die Kritik. Man warf ihr Verschwendung und Vernachlässigung ihrer Pflichten vor. Zudem weigerte sie sich zu heiraten – dadurch war die Thronfolge nicht gesichert. Obendrein unterhielt die Königin des protestantischen Schweden enge Kontakte zum Jesuitenorden. Im Juni 1654 dankte sie ab, konvertierte im Dezember zum Katholizismus und zog nach Rom, wertvolle Stücke ihrer Kunstsammlung im Gepäck. Dass sich Christina häufig als Minerva darstellen ließ (siehe Bild links) passte da nur allzu gut.

1646 hatte sich der Hohenzoller Friedrich Wilhelm von Brandenburg (1620–1688) vergeblich um eine Heirat mit Christina bemüht. Freilich nicht ohne politische Hintergedanken: Schweden hielt Brandenburg und Kleve besetzt, essenzielle Bereiche seines Territoriums. Das war aber nicht sein einziges Problem. Zwar hatte Friedrich Wilhelm den Rang eines Kurfürsten geerbt, gehörte also zu der kleinen Gruppe, die den deutschen König wählten und damit dessen Aufstieg zum Kaiser bahnten. Doch bei der Thronbesteigung 1640 lag das Land verwüstet, die Staatskasse war leer, im Inneren wie im Äußeren bedrohten fremde Mächte sein Herrschaftsgebiet. Dennoch etablierte der Brandenburger von Anfang an eine Repräsentationskultur, wie man sie in seinem Fürstentum zuvor noch nicht kannte.

BPK / STIFTUNG PREUSSISCHE SCHLÖSSER UND GÄRTEN BERLIN-BRANDENBURG / JÖRG P. ANDERS (MICHAEL WILLMANN: ALLEGORIE AUF DEN GROSSEN KURFÜRSTEN, 1682; STIFTUNG PREUSSISCHE SCHLÖSSER UND GÄRTEN BERLIN-BRANDENBURG)

Nach Erfolgen im zweiten Nordischen Krieg avancierte Brandenburgs Kurfürst Friedrich Wilhelm auch zu einem Helden für die Kunst, dem die antiken Götter huldigen.

Seine Jugend hatte Friedrich Wilhelm am Hof seiner Tante Elisabeth von Böhmen sowie am oranischen Königshof in Den Haag verbracht. Seitdem unterhielt er Kontakte zu einer europaweit einflussreichen Kunstszene, deren Protagonisten der junge Kurfürst nun an seinen Hof lud. Niederländische und flämische Künstler unterstützten seine Suche nach einer angemessenen Selbstdarstellung. Wie die Oranier betonte er dabei zunächst seine militärische Stärke, mochte das auch noch nicht der Realität entsprechen.

Seine Heirat mit Luise Henriette von Oranien-Nassau (1627–1667) brachte ihm nicht nur eine reiche Mitgift ein, sie gab auch seinem Mäzenatentum Auftrieb. Zudem bewies Friedrich Wilhelm nun auf dem Schlachtfeld Geschick: Im zweiten Nordischen Krieg (1655–1660) vertrieb er die Schweden aus seinen Territorien und gewann das Herzogtum Preußen hinzu. Nun differenzierte auch der »Große Kurfürst« die von ihm verwendeten Heldenbilder: dem Kriegshelden folgte der friedliebende Musenfürst, der sich mit Herkules und Apoll umgab (siehe Bild oben). Die »Allegorie des Großen Kurfürsten als Beschützer der Künste« von 1682 zeigt ihn entsprechend in eigener Person, in den Händen das Zepter des Herrschers und die Feder des Dichters, um ihn herum Apoll, Herkules und Minerva: Die Künste huldigen ihrem Mäzen, und Fama, die römische Göttin des Ruhms, bläst zu seinen Ehren die Trompete. Die Nähe zu den Göttern, ja sogar eine Gleichrangigkeit, strahlt Kraft aus – im Dienst der Künste. Seine militärische Kraft bleibt dabei aber präsent, erkennbar an seiner Rüstung.

Militärisches Gewicht, Pflege von Recht und Gesetz und tugendhafter Charakter gehörten zu einer guten Regierung, doch auch um die Förderung der Künste und Wissenschaften, mithin des Gemeinwohls musste sich der gute Herrscher bemühen. Das Doppel aus Kriegs- und Kunstheld symbolisierte dieses Ideal der frühen Neuzeit: Mit den Mitteln barocker Malerei, Bildhauerei und Architektur behauptete ein Fürst das Erfüllen seiner Pflichten.

Wenn schon nicht König, dann aber Kunstheld

Die künstlerische Ausführung vermochte sogar eine Diskrepanz zwischen Statement und historischer Wirklichkeit zu beheben. So hatte sich der Wittelsbacher Max II. Emanuel (1662–1726), Kurfürst von Bayern, zwar als Feldherr im Großen Türkenkrieg hervorgetan und war 1692 zum Generalstatthalter der Spanischen Niederlande aufgestiegen. Doch in dem sich anschließenden Erbfolgekrieg um den verwaisten spanischen Thron wählte er die falsche Seite,

Von den Musen umgeben regiert Jupiter alias Kurfürst Friedrich Wilhelm. Der Kupferstich rühmt den Auftraggeber des Katalogs zur Berliner Antikensammlung. Kulturförderung gehörte zur Innenpolitik und Imagepflege.

musste zeitweilig im Exil leben und alle Hoffnung auf eine Königskrone aufgeben. Vielleicht deshalb tragen keine der antiken Helden und Götter in den von dem Wittelsbacher beauftragten Gemälden seine Gesichtszüge. Immerhin ließ er sie aber in seinen verschiedenen Porträts reichlich auftreten. Auch Max Emanuel nahm somit die Rolle des Kunsthelden an – sie diente ihm nicht zuletzt als Kompensation politischer Defizite.

Noch im 18. Jahrhundert wurden Elemente dieser Bildsprache verwendet, doch das damit verbundene Pathos erschien allmählich unglaubwürdig, die auf Sinneswirkung zielende Pracht des Barocks vermittelte nun den Eindruck von Verschwendung und äußerlichem Schein. Der mythologische Fundus an Figuren und Themen für die Glorifizierung der Mächtigen verlor an Überzeugungskraft. Mit dem gesellschaftlichen Aufstieg des Bürgertums entwickelten sich zudem Strategien der Repräsentation, die auf eine Heroisierung verzichteten.

Einer der letzten Kunsthelden alter Schule war Brandenburgs Kurfürst Friedrich III. (1657–1713), Sohn des Kurfürsten Friedrich Wilhelm, und seit 1701 als Friedrich I. Preußens erster König. Zwar billigte er der bildenden Kunst und Architektur bis zu einem gewissen Grad Eigenständigkeit zu und finanzierte entsprechende Ausbildungsstätten. Gleichwohl erwartete der Herrscher, dass seine Förderung vor aller Augen sichtbar gemacht werde. Insbesondere die Publikationen zu der von seinem Vater begründeten Berliner Antikensammlung trugen zu dieser Heroisierung bei. Widmung und Kupferstiche des von seinem Bibliothekar Lorenz Beger erstellten Katalogs »Thesaurus Brandenburgicus Selectus« glorifizierten ihn und seinen Vater nach dem Muster der Angleichung an antike Götter und Heroen (siehe Bild links). Beispielsweise zeigt ihn das Frontispiz des 1699 erschienenen zweiten Bands als Friedensfürsten, der eine Personifikation der Stadt Rom zu sich erhebt und somit vor den zerstörerischen Kräften des Titanen Chronos rettet. Ein junger germanischer Krieger, antike Büsten und die über allem schwebende Fama rahmen die Szene ein – ein Verweis auf Vergangenheit, Gegenwart und Zukunft. Band drei, 1701 erschienen, verwandelt Berlin im Titelbild in ein neues Rom und visualisiert den Anspruch des Hohenzollern, die antiken Monumente wieder ans Licht zu bringen.

Wie alle Heldenbilder der frühen Neuzeit konstruierte der Kunstheld ein möglichst glanzvolles Bild des Herrschers. Im kriegerischen 17. Jahrhundert, das Elend und Zerstörung ebenso wie die Ausbildung des Absolutismus und ein Aufblühen der schönen Künste erlebte, traf es offenbar den Nerv der Zeit, da es Widersprüchlichkeiten aufnahm: Als Kunstheld war man nicht nur Mars und Alexander, sondern auch Herkules musagetes und Apoll. Obendrein bot dieser Heroentypus die Möglichkeit, im Frieden Rivalitäten auszutragen. Kunst wurde zum Krieg mit anderen Mitteln. ◂

QUELLEN

Gröschel, S.-G.: Herrscherpanegyrik in Lorenz Begers »Thesaurus Brandenburgicus Selectus«. In: Rößler, D. (Hg.): Antike und Barock. Vorträge und Aufsätze 1. Winckelmann-Gesellschaft, 1989, S. 37–61

Nowosadtko, J. et al. (Hg.): Mars und die Musen. Das Wechselspiel von Militär, Krieg und Kunst in der Frühen Neuzeit. Herrschaft und soziale Systeme in der frühen Neuzeit 5. LIT, 2008

Posselt-Kuhli, C.: Kunstheld versus Kriegsheld? Heroisierung durch Kunst im Kontext von Krieg und Frieden in der Frühen Neuzeit. Ergon, 2017

STANDBILDER
HERKULES, NEPTUN & CO.

In der Frühen Neuzeit eroberten Statuen aus Marmor oder Metall den öffentlichen Raum. Die dargestellten Heroen waren Sinnbilder mächtiger Personen oder Gruppen, die deren politische Aussagen übermitteln sollten.

Die Kunsthistorikerin **Katharina Helm** ist Head of Doctorate Program an der SIBE Scientific Projects GmbH (SISP), dem Forschungsinstitut der Steinbeis School of International Business and Entrepreneurship. Zu ihren Forschungsschwerpunkten zählen Skulptur und Architektur von der Frühen Neuzeit bis zur Gegenwart.

spektrum.de/artikel/1682524

Statuen historischer Personen – für uns heutige gehören sie vielerorts zum Stadtbild, ziehen Touristen an, erregen mitunter Unwillen, wenn ihre Aussagen heutigen Überzeugungen widersprechen. Dabei können wir kaum ermessen, wie intensiv solche Monumente in einer Zeit gewirkt haben müssen, als dergleichen noch ungewohnt, ein öffentlicher Platz aber immer auch ein Bereich politischer Kommunikation war. Dort wo man drängende Fragen des Gemeinwesens diskutierte, übermittelten steinerne und metallene Plastiken dem Volk nun die politischen Botschaften der Fürsten wie auch die ihrer Gegner.

In den aufblühenden Renaissancestädten Italiens etwa etablierten heroisierende Standbilder ein neues System bildhafter Zeichen für solche nonverbale Kommunikation. Dank der künstlerischen Gestaltung und physischen Prä-

Als die Marmorstatue »Herkules und Cacus« 1534 auf der Piazza della Signoria in Florenz aufgestellt wurde, setzten die auftraggebenden Medici ein Signal: Sie drohten als Herkules republikanisch gesonnenen Bürgern.

senz von Marmor oder Bronze waren politische Botschaften im 16. Jahrhundert unmittelbar erfahrbar. Wer sich für ein Standbild der Wirk- und Aussagekraft biblischer, mythologischer oder antiker Figuren bediente, durfte darauf hoffen, ein Betrachter werde die jenen zugeschriebenen Eigenschaften und Werte auf ihn übertragen. In der Gedankenwelt des Betrachters entstand ein von den Absichten des Dargestellten beziehungsweise einer Partei geprägtes Abbild der Wirklichkeit.

Gerade diese physische Präsenz in der Öffentlichkeit machte es offenbar erforderlich, künstlerische Formen zu entwickeln, die in den Augen der Zeitgenossen angemessen waren. Eine solche war die »dissimulatio«. Der Begriff entstammt der antiken Rhetorik und bezeichnete das »Verbergen des Wahren« im Unterschied zur »simulatio«, dem »Vorspiegeln des Falschen«. Beiden gemeinsam war das Verstellen als Strategie, die Wahrnehmung anderer zu beeinflussen. Indem die von mir untersuchte »dissimulative Heroisierung« ihr eigentliches Zielobjekt verbarg, bot sie sich dann an, wenn eine direkte Selbstdarstellung zu großen Unmut oder sogar Widerstand erregt hätte.

Ein gutes Beispiel ist die Marmorgruppe »Herkules und Cacus« des Florentiner Bildhauers Baccio Bandinelli (um 1488–1560). Nach der Vertreibung der Dynastie der Medici 1494 stürzte die Metropole von einer Regierungsform in die nächste: von der Republik in einen Gottesstaat und wieder zur Republik, bis Florenz 1532 Hauptstadt des Großherzogtums Toskana wurde. In diesen unruhigen Zeiten beeinflussten auch die Rivalitäten der aufsteigenden europäischen Mächte Frankreich und Spanien die Politik in der Stadt am Arno.

AUF EINEN BLICK
IMAGEPFLEGE IN MARMOR UND METALL

1 Monumentale Standbilder auf öffentlichen Plätzen boten den Mächtigen der Frühen Neuzeit ein innovatives Medium, sich als Heroen inszenieren zu lassen.

2 Bei der »imitatio heroica« formten die Bildhauer das Gesicht eines antiken Helden oder Gottes entsprechend dem Porträt des zu Ehrenden.

3 Die »dissimulative Heroisierung« hingegen zeigt die Person nicht direkt. Der Künstler kann aber darauf bauen, dass der Betrachter den Bezug selbst herstellt.

David gegen Herkules

Der Auftrag für die Marmorgruppe, erteilt um 1530, also noch zur Zeit der Republik, durch die wieder zur Macht greifenden Medici, war prestigeträchtig und spektakulär. Schon die Wahl des Orts enthielt ein politisches Statement: die Piazza della Signoria, der Platz der »Signoria« genannten Ratsversammlung. Denn dieses mächtige Gremium setzte sich aus Angehörigen des städtischen Adels zusammen und stand unter dem Einfluss der Medici. Gegenüber des Versammlungshauses stand Michelangelos »David« (siehe »Ein großer Wurf für die Kunst«, S. 58), zu jener Zeit das einzige monumentale Standbild auf diesem Platz. Der aber galt als Sinnbild der Republik, war er doch 1504 von der einflussreichen Wollweberzunft finanziert worden. Der Sieg des Hirten David über den scheinbar übermächtigen Goliath war ein klares Signal republikanisch Gesinnter gegen die Dynastie der Medici gewesen.

Auf den ersten Blick zeigt die neue Marmorgruppe eine Szene aus der römischen Mythologie: Herkules besiegt den Riesen Cacus, der ihm Rinder gestohlen hat. Um das Heldenhafte der Tat zu unterstreichen, ließ Bandinelli den Halbgott über Cacus stehen, ein in eben jener Zeit entwickeltes Signal des Sieges, das auch die Tugendhaftigkeit des Helden und die Niedertracht seines Gegners unterstrich.

Diesen Eindruck verstärkte die formale Konzeption des Herkules selbst: Er steht aufrecht mit durchgedrücktem Kreuz, gespreizten Beinen, die Stirn gefurcht. Diese Merkmale erinnern an eine andere berühmte Statue in Florenz: an Donatellos (1386–1466) heiligen Georg. Bandinelli ließ die von Donatello verwendeten formalen Kennzeichen eines christlichen Helden in seine Darstellung des antiken Heroen einfließen und verwies so auf dessen Tugendhaftigkeit.

Es war jedem Florentiner klar: Jener Herkules symbolisierte die umstrittene Dynastie und ihren Machtanspruch in der Stadt. Deshalb beauftragten die Medici Bandinelli, nicht seinen Konkurrenten Michelangelo. Der hatte sich zwar sogar angeboten, aus dem Marmorblock unentgeltlich eine Statue zu schaffen. Doch seine republikanische Gesinnung und der »David« disqualifizierten den Künstler, denn die geplante Skulpturengruppe stand auf symbolischer Ebene in Konkurrenz zu dieser »Freiheitsstatue«. Bandinelli hingegen war ein treuer Anhänger der Medici-Partei. Von ihm war ein Herkules zu erwarten, der sie verherrlichte.

Während der christlich-biblische Held die Ideale einer untergegangenen kleinen, aber stolzen Republik verkörperte, symbolisierte der heidnisch-mythologische Heros den fürstlichen Anspruch auf eine autokratische Stellung. Seine schlagbereite Keule war nichts anderes als eine dissimulative, aber sehr reale Drohgebärde: Die Medici waren tugendhafte Herrscher, doch würden ihre neuerlich gewonnene Macht mit aller notwendigen Gewalt verteidigen.

Bei einem anderen Werk bediente sich Bandinelli einer zweiten Möglichkeit, Personen im Rahmen damaliger Moralvorstellungen mit einem Standbild zu präsentieren: die von ihm wohl mitentwickelte »imitatio heroica«. In der Regel zeigte der Kopf einer Statue bei der »imitatio heroica« die Gesichtszüge der realen Person, der Körper hingegen entsprach der idealisierten Gestalt einer mythologischen Figur. Anders als bei der dissimulativen Heroisierung ist der zu Ehrende direkt erkennbar, die Überblendung mit einem antiken Gott oder Heros assoziiert ihn aber mit dessen Taten und Eigenschaften.

Bandinellis Statue des Genuesers Andrea Doria (1466–1560) legt davon Zeugnis ab. Doria hatte seiner Heimatstadt als Söldnerführer, Kapitän und Flottenkommandant gedient. Der spanische König und habsburgische Kaiser Karl V.

CLODIO / GETTY IMAGES / ISTOCK

Baccio Bandinelli sollte Admiral Andrea Doria für seine Verdienste um die Republik Genua mit einem monumentalen Neptunstandbild ehren. Der Künstler verlieh dem Gott Dorias Gesichtszüge, vollendete das Werk aber nicht.

ernannte ihn gar zum Großadmiral seiner Mittelmeerflotte. Dank der Vermittlung Dorias erkannte der Kaiser Genua als freie Republik an, was den Grundstein zu einer Jahrhunderte andauernden Blüte legte.

Deshalb beschlossen die Stadtmagistrate, ihren Helden mit einem allegorischen Bildnis des Meeresgotts Neptun zu ehren. Mit der Ausführung beauftragten sie 1529 Bandinelli. Als sich acht Jahre später abzeichnete, dass der Florentiner das Werk aus heute nicht mehr zu klärenden Gründen nicht vollenden würde, nahm man Giovanangelo da Montorsoli (1507–1563) unter Vertrag. Der ebenfalls aus Florenz stammende Künstler war ein Schüler Michelangelos. Er schuf eine als frei stehende Skulptur konzipierte Statue des Andrea Doria in antikischer Rüstung. Sie stand lange Zeit vor dem Palazzo Ducale in Genua, stark beschädigt ist sie heutzutage dort im Treppenhaus zu sehen. Die Skulptur Bandinellis hingegen schmückt noch heute einen Brunnen in Carrara.

Ein Neptun für den Admiral

Zwar unvollendet lassen sich Dorias aus Gemälden bekannte Gesichtszüge dennoch deutlich darauf erkennen. Über zwei Delfinen stehend und nur mit einem Tuch bekleidet stilisierte ihn der Bildhauer als antiken Meeresgott. Der hatte laut dem römischen Dichter Vergil einst die Winde beruhigt und dem Prinzen Äneas, einem der Überlebenden Trojas, die sichere Weiterfahrt nach Italien ermöglicht; dort wurde er zum Stammvater der Römer. Somit galt Neptun zudem als Frieden bringender Herrscher, der Gerechtigkeit und Milde vereinte. Auch dieses idealtypische Fürstenbild scheint in Bandinellis Statue auf, erkennbar am geschlossenen Stand und einer besänftigenden Geste. Doria selbst hatte diese Erzählung bei der Ausstattung seines Palazzo große Beachtung geschenkt, wie zahlreiche Darstellungen des Neptun belegen, etliche mit Bezug zum Äneas-Mythos.

Das Beispiel machte Schule: Während des 16. Jahrhunderts entstand eine ganze Reihe allegorischer Herrscherstatuen in der Gestalt Neptuns. Die imitative Heroisierung, im Fall der Doria-Statue in Form der Überblendung einer antiken Götterfigur mit einer realhistorischen Person, bot offenbar erstmals die Möglichkeit, eine Person direkt mit einem Standbild zu ehren, ohne dabei gegen die Etikette zu verstoßen. Sie wurden Teil einer nonverbalen öffentlichen Kommunikation. ◂

Reiss-Engelhorn-Museen
Mannheim 15.09.2019
bis 13.04.2020

rem
Reiss-Engelhorn-Museen

JAVA GOLD

Pracht und Schönheit Indonesiens

www.javagold.de

Gebeco LÄNDER ERLEBEN · HEINRICH VETTER STIFTUNG · BERRANG · UNITED SCREENS GMBH · MANNHEIM²

DAVID
EIN GROSSER WURF FÜR DIE KUNST

Indem sie den Sieg des Hirtenjungen über den Riesen Goliath inszenierten, schufen Bildhauer und Maler sich selbst eine Bühne – und schlüpften in die Rolle des David.

Die Kunsthistorikerin **Anna Schreurs-Morét** ist Universitätsprofessorin an der Albert-Ludwigs-Universität Freiburg. Zu ihren Forschungsschwerpunkten gehören die Kunst und die Kunstliteratur der Frühen Neuzeit in Italien und Deutschland.

▸▸ spektrum.de/artikel/1682526

Jung und schön präsentiert sich der biblische Held David in den Bildwerken der Frühen Neuzeit. Um 1440 hatte Donatello (1386–1466) ihn erstmals aus Bronze geformt, Michelangelo Buonarotti (1475–1564) machte ihn zur Identifikationsfigur der Künstler. So wie David mit Gottes Hilfe den als unbesiegbar geltenden Philister Goliath niedergestreckt hatte, so bezwang Michelangelo den riesigen Steinblock, den andere Bildhauer als nicht zu bearbeiten eingeschätzt hatten. »Davicte cholla Fromba / e io chollarcho / Michelagniolo«, formulierte er: Was David mit der Schleuder erledigt hatte, gelang ihm mit seinem Steinhauerwerkzeug.

Das künstlerische Schaffen als eine Spielart heroischer Taten, versinnbildlicht durch das biblische Motiv: Mit dem Selbstporträt Giorgiones (1478–1510) als ein David, der das Haupt des Goliath präsentiert, kam diese Idee zeitgleich in der italienischen Malerei an. Im Wettstreit mit der Natur, den Werken der Antike, der Lehrer und zeitgenössischen Kollegen avancierte ein Künstler zum Heros. Insbesondere im Rom des 17. Jahrhunderts wurde der biblische Held zum Referenzpunkt für eine ganze Generation von Malern, die höchst unterschiedliche Facetten des Idols aufzeigten.

Die biblische Überlieferung erzählt einen Schicksalsmoment in der Geschichte Israels: Das Heer der expandierenden Philister steht dem des Gottesstaats gegenüber, ihr mächtigster Krieger Goliath bietet spöttisch an, die Sache mit einem Zweikampf zu entscheiden. Das 1. Buch Samuel schildert ihn als Riesen, dessen schwergewichtige bronzene Rüstung und Waffen allein schon eine unglaubliche Kraft demonstrieren. Ganz Israel ist starr vor Angst, doch der Hirtenjunge David, unerfahren im Kampf, aber mutig und voller Vertrauen in die Stärke Gottes, nimmt die Herausforderung an – und bringt den Hünen mit einem Wurf seiner Steinschleuder zu Fall. Dann entreißt er dem Riesen das Schwert und schlägt ihm den Kopf ab. Das Böse ist besiegt, die Philister fliehen.

Schon seit Beginn des 14. Jahrhunderts gehörte der biblische David zu einer Gruppe von neun Helden, die als Repräsentanten einer guten Regierung oder als Vorbilder

AUF EINEN BLICK
WANDLUNGSFREUDIGER BIBELHELD

1 Der Sieg eines einfachen Hirten mit nur einer Steinschleuder über einen scheinbar unbezwingbaren Krieger inspirierte Maler und Bildhauer.

2 Michelangelos »David« ebnete den Weg zur Heroisierung der Künstler: Auf Gemälden und Skulpturen trägt David oft die Gesichtszüge des jeweiligen Schöpfers.

3 Stets vermieden es die Künstler, den Augenblick der brutalen Tat selbst darzustellen. Stattdessen zeigten sie den biblischen Helden als androgynes Wesen, aber mutig und bereit zu handeln.

Michelangelo und Gianlorenzo Bernini inszenierten nicht die Heldentat, sondern den Moment der Entscheidung Davids, sich dem Riesen Goliath nur mit einer Schleuder bewaffnet zu stellen.

für tugendhaftes Verhalten an öffentlichen Plätzen oder in Rathäusern aufgestellt wurden: Die drei Christen Karl der Große, König Artus und Gottfried von Bouillon, die drei antiken Helden Alexander der Große, Hektor und Julius Cäsar sowie aus dem Alten Testament neben David noch Josua und Judas Makkabäus.

Sicherlich lassen sich viele Varianten denken, die spektakuläre Tat darzustellen. Doch die nächstliegende, den Schleuderwurf oder die Enthauptung des Riesen, findet man nur selten. Stattdessen inszenierten etliche Künstler die Entscheidung zur Tat und damit das Gottvertrauen des Heroen. So auch Michelangelo (Bild oben links): Die gerunzelte Stirn verrät Davids Entrüstung über den hochmütigen Gegner, der sein Volk verspottet, signalisieren zudem höchste Konzentration. Sein Blick geht in die Weite, richtet sich vielleicht schon auf den Riesen. Die Muskeln sind angespannt, die Schleuder bereit, die Mimik zeigt Entschlossenheit.

In der Malerei überwiegen Bilder, die den Sieger zeigen, der mal triumphierend den abgeschlagenen Kopf, die

ALAMY / ARCHIVE PICTURE LIBRARY (CARAVAGGIO: DAVID MIT DEM HAUPT GOLIATHS, UM 1607; KUNSTHISTORISCHES MUSEUM, WIEN)

ALAMY / PETER HORREE (GUIDO RENI: DAVID MIT DEM HAUPT GOLIATHS, UM 1605; LOUVRE MUSEUM)

Mit stiller Freude präsentiert Caravaggios David das schreckliche Goliathhaupt, während sein Zeitgenosse Guido Reni (rechts) eher lässig und keck, aber stolz sein Werk betrachtet.

Steinschleuder oder das eroberte Schwert präsentiert, mal nachdenklich das Geschehen zu reflektieren scheint. »David mit dem Haupt des Goliath« ist dafür ein Beispiel (siehe Bild oben links). Caravaggio (1571–1610), einer der bedeutendsten Maler des frühen Barocks, schuf es 1607 als Maler der Kardinäle in Rom. Das Schwert ruht lässig auf der Schulter, den riesigen Kopf packt der Junge am Haarschopf und hält ihn dem Betrachter entgegen. Helles Licht umfängt ihn vor einem düsteren Hintergrund und unterstreicht damit das Außerordentliche der Heldentat.

Inszenierung des Kunstwerks als Heldentat

Orientierte sich Caravaggio am biblischen Bericht – laut dem Alten Testament präsentierte David den Israeliten eben diese Trophäe – setzte Guido Reni (1575–1642) der Idee vom heroischen Künstler ein Denkmal (Bild oben rechts). Mit kecker Mütze und nur sparsam bekleidet, die Schleuder entspannt in der Hand lehnt David an einem Säulenstumpf und betrachtet stolz den monumentalen Goliathkopf, den er auf einem Postament abgelegt hat wie ein Kunstwerk. Für diese Lässigkeit soll der Betrachter des Gemäldes den biblischen Helden bewundern. Doch auch die Virtuosität des Künstlers soll ihn staunen machen, mit der er Anmut und Grausamkeit in einem Bild vereinte. Der neapolitanische Dichter Giambattista Marino (1569–1625) schrieb bezeichnend: »Wenn ich den Sieger und den Besiegten recht betrachte, ist der Lebendige schöner, als der Getötete schrecklich ist.«

Tatsächlich zeigten alle Künstler jener Zeit David als Jugendlichen mit geradezu zartem Körper. Umso größer war offenbar seine Leistung, der Kontrast zum Riesenkopf verstärkte den Eindruck noch. Mochten sie die Kriegerhelden der Antike wie ihrer Gegenwart als kraftstrotzende Kämpfer inszenieren, wählten sie für den biblischen David das Gegenteil: eine androgyne Schönheit.

In den 1630er Jahren wurde er in Rom zum Referenzthema im Ringen um Aufträge und Mäzene. Diverse Gemälde von David mit dem Haupt Goliaths füllten Galerien und Privatsammlungen, manche als Selbstporträt des jeweiligen Künstlers ausgewiesen. Eine Besonderheit war ein weiteres Gemälde von Caravaggio, das 1609/10 entstand: Nicht das Gesicht Davids, sondern das des Goliath trug nun seine Gesichtszüge. Zeitgenössischen Quellen berichten von Ausschweifungen und sogar von einem Mord, Kunsthistoriker interpretieren das extreme Selbstbildnis deshalb als demütiges Bekenntnis der Laster oder gar als Selbstbestrafung für ein Verbrechen.

Auch im 18. Jahrhundert hatte das Motiv nicht an Bedeutung verloren und ermöglichte verschiedene Aussagen. Während seiner Ausbildung in Rom rückte der damals 23-jährige deutschstämmige Maler Johann Zoffany (1733–1810) den biblischen Helden überraschend eindeutig in einen homoerotischen Kontext: Lässig stützt er in diesem Selbstbildnis den Ellenbogen auf der Stirn des Riesen ab, und präsentiert mit der anderen Hand das tödliche Wurfgeschoss. 1995 wurde der Stein als die Eichel eines antiken Marmorphallus identifiziert. Tatsächlich handelt es sich um ein Wortspiel: Die lateinische Bezeichnung für die Eichel, »glans«, bedeutet auch Wurfblei.

Möglicherweise wollte der Maler durch Ironie im Künstlerwettstreit glänzen. Vielleicht ging es ihm aber darum, im Unterschied zu anderen Künstlern seiner Zeit auch die

Ambivalenz Davids zum Ausdruck zu bringen. Eine homoerotische Farbe hatte seine Beziehung zu Jonatan, dem Sohn seines Schwiegervaters und Königs Saul. Als beide in einer Schlacht gegen die Philister getötet werden, klagt David: »Weh ist mir um dich, mein Bruder Jonatan. Wunderbarer war deine Liebe für mich als die Liebe der Frauen.« Als König missachtet David sogar das neunte Gebot und schwängert Batseba, die Ehefrau seines Heerführers, während dieser für ihn zu Felde zieht.

An Michelangelos kühne Idee, Davids Heldentum zu inszenieren, bevor die heldenhafte Tat erfolgte, wagte sich nach heutigem Kenntnisstand nur ein anderer Künstler: der Bildhauer und Architekt Gianlorenzo Bernini (1598–1680). Auch er legte den Fokus auf die Entscheidung, sich im Vertrauen auf Gott dem übermächtigen Gegner zu stellen. Der entscheidende Moment des Schleuderwurfs steht allerdings kurz bevor (Bild S. 59 rechts): Berninis »David« holt bereits aus, den Körper gedreht, mit weitem Ausfallschritt.

Das war zeitgenössischen Quellen zufolge ein Selbstporträt. Der Florentiner Kunsttheoretiker Filippo Baldinucci beschrieb es 1681 so: »Mit einer kräftigen Kräuselung der Augenbraue nach unten, einem Furcht einflößenden, starren Blick. Und wie er die Oberlippe voller Konzentration auf die Unterlippe presst, dies alles drückt auf wundersame Weise den gerechten Zorn des jungen Israeliten aus, in seinem Wunsch, mit der Schleuder auf die Stirn des Riesen der Philister zu treffen.« Kardinal Maffeo Barberini, der spätere Papst Urban VIII., soll dem Künstler den Spiegel gehalten haben; Auftraggeber der Statue war der Kardinal Montalto. Beide begeisterten sich nicht allein für die Virtuosität des Bildhauers: David galt in kirchlichen Kreisen als ein Sinnbild der Gegenreformation.

Der junge David ist auch heutzutage noch für Künstler eine reizvolle Identifikationsfigur, wie zwei Werke des englischen Künstlers Jam Sutton eindrucksvoll beweisen: In der 45 Zentimeter hohen Marmorskulptur »David und Goliath« von 2015 sitzt der junge David in Shorts, Baseballkappe und hochgeschnürten Sneakern triumphierend über dem abgeschlagenen Haupt (Bild rechts). Die Gesichtszüge des Knaben sind die des Bildhauers. Für eine Ausstellung im Dublin-Castle drei Jahre später schuf er mit der Technik des Drei-D-Drucks eine überlebensgroße, pinkfarbene Version. Zwar steigert die Dimension die heldische Wirkung, doch betont die zarte Farbe gleichzeitig die für die Davidbildnisse so typische Androgynie. Jede Form von dominanter Männlichkeit, die bei der Darstellung von Helden oft im Vordergrund steht, wird damit übertüncht. ◂

QUELLEN

Kauffmann, H.: Giovanni Lorenzo Bernini. Die figürlichen Kompositionen. Gebrüder Mann, 1970

Lavin, I.: David's sling and Michelangelo's bow. In: Winner, M. (Hg.): Der Künstler über sich in seinem Werk. Internationales Symposium der Bibliotheca Hertziana Rom 1989. VCH Acta Humaniora, 1992, S. 161–190

Preimesberger, R.: Michelangelo Merisi da Caravaggio, David mit dem Haupt des Goliath. In: Pfisterer, U., von Rosen, V. (Hg.): Der Künstler als Kunstwerk. Selbstporträts vom Mittelalter bis zur Gegenwart. Reclam, 2005, S. 72–73

Watson, M.: Zoffany as punster and prankster. Art bulletin of Victoria 36, 1995

MIT FRDL. GEN. VON JAM SUTTON (WWW.JAMSUTTON.COM)

Jam Sutton schuf 2015 diese moderne Interpretation: Ein David mit Baseballkappe und Turnschuhen entspannt sich nach der Heldentat.

DEMOKRATIE
DER TUGENDHAFTE GESETZGEBER

Wie lässt sich eine Herrschaft der vielen etablieren, ohne wieder in die Tyrannei zu fallen? Philosophen der Frühen Neuzeit wie Harrington, Rousseau und Schiller fanden die Antwort in antiken Heldengeschichten aus Athen und Sparta.

1828 schuf der Maler Merry-Joseph Blondel ein fiktives Bildnis Lykurgs, der Sparta einst eine Verfassung gab und sich opferte, um ihren Bestand zu sichern.

SCALA FLORENZ / PHOTO JOSSE (MERRY-JOSEPH BLONDEL: LYKURGUS VON SPARTA, 1828; MUSÉE DE PICARDIE)

Der Historiker **Sebastian Meurer** ist wissenschaftlicher Koordinator des Sonderforschungsbereichs 948 an der Albert-Ludwigs-Universität Freiburg. Zu seinen Forschungsschwerpunkten gehört die Verfassungs- und Verwaltungsgeschichte des 17. und 18. Jahrhunderts, mit einem Schwerpunkt auf Großbritannien.

›› spektrum.de/artikel/1682528

»Man weiß nicht, wie viele Jahrhunderte lang die Verfassung Lykurgs das Glück der Spartaner bildete, bevor im übrigen Griechenland von ihnen gesprochen wurde«, sinnierte der Philosoph Jean-Jacques Rousseau 1762 und ergänzte: »Ein Volk wird erst dann berühmt, wenn seine Gesetzgebung niederzugehen beginnt.« Der prominente Vertreter der Aufklärung und Vordenker der Französischen Revolution bewunderte das antike Sparta und insbesondere dessen legendären Gesetzgeber Lykurg. Dieser habe den Stadtstaat aus dem Chaos in die Ordnung und damit in eine ruhmreiche Zukunft geführt. Ihm sei es zu verdanken, dass fortan Pflichtbewusstsein und Disziplin für Jahrhunderte zentrale Werte der spartanischen Gesellschaft bildeten. Ebenso, dass sie über Institutionen verfügte, die politische Teilhabe ermöglichten und Despotie verhinderten. Somit habe Lykurg dem Volk in einer Weise gedient, die beispielhaft für moderne Gesellschaften sei.

Mit dieser Verehrung war Rousseau nicht allein. Viele Aufklärer blickten mit Bewunderung auf die Antike, um Vorbilder für gesellschaftlichen und politischen Fortschritt zu finden. Auch Friedrich Schiller (1759–1805) hielt Lykurg für einen großen Mann, geißelte aber den »falschen Glanz« der allzu strengen spartanischen Gesellschaftsordnung. Er propagierte stattdessen Athen und dessen Reformer Solon (um 640–560 v. Chr.) als Vorbild, dessen Gesetze den »Geist der Bürger frey und leicht« gemacht hätten.

Mehr als 2000 Jahre nach den ihnen zugeschriebenen Taten avancierten diese Gesetzgeber – griechisch »Nomotheten« – zu Helden eines neuen Zeitalters, und das ist keineswegs selbstverständlich. Was motivierte diese Heroisierungen? Welche gesellschaftlichen Prozesse lassen sich an ihnen sichtbar machen?

Tatsächlich galten Lykurg und Solon schon in der Antike als Vorbilder, doch gleichzeitig auch als außerordentlich und in ihrer Stellung unerreichbar. Zudem standen die Gesetzgeber dem Göttlichen näher als gewöhnliche Sterbliche. Von Lykurg etwa überlieferten antike Autoren, er habe lange Reisen unternommen, um unterschiedliche Verfassungen kennen zu lernen. Er studierte angeblich bei dem großen Naturphilosophen Thales von Milet und traf Homer, den Dichter der Epen über den Trojanischen Krieg. Obendrein genoss er das Wohlwollen des Gottes Apollon: Dessen Orakel in Delphi habe Lykurg die »Große Rhetra« übergeben, das Kerndokument seines Regelwerks.

Die antiken Nomotheten ersannen gute Gesetze und Institutionen, sie erließen Verfassungen, die lange Zeit stabil blieben und die Grundlage für Wohlstand schufen. Gegen alle Widerstände führten diese Männer jeweils das Gemeinwesen aus einer tiefen Krise in eine neue Ordnung, die ihre eigene Person überdauerte. Solon etwa befreite die in Schuldknechtschaft und Sklaverei gefallenen Bauern von Athen und machte sie zu freien Bürgern; abgestuft nach Vermögensklassen hatten sie an der Regierung teil und übernahmen somit selbst politische Verantwortung. Kurz: Solon führte Athen aus einer Tyrannei in die Demokratie. Sicherlich vereinfachen solche Überlieferungen, was wirklich geschah. Lange Ereignisketten mit komplexen strukturellen Rahmenbedingungen, mit vielen Zufälligkeiten und Generationen von Akteuren verdichten sich darin zur überschaubaren Geschichte eines Protagonisten in einer schicksalhaften Situation. Die Komplexität der gesellschaftlichen Prozesse im Sparta und Athen des 8. bis 6. Jahrhunderts v. Chr. reduziert sich auf die übermenschliche Handlungsmacht eines Einzelnen, der die nach menschlichem Ermessen unüberwindlichen Gegenkräfte letztlich bezwingt.

Alte Strukturen zerschlagen

Diese Agonalität, das Durchsetzen gegen alle Widerstände unter Einsatz des eigenen Lebens, ist ein typisches Element von Heldengeschichten. Auch Heldentaten in Schlüsselmomenten gehören unabdingbar dazu. Im Fall der Nomotheten: Sie mussten zunächst die alten Strukturen zerschlagen und die Macht an sich ziehen, dann die neue Ordnung verteidigen. So hätten protestierende Spartaner Lykurg angegriffen, ein junger Mann namens Alkandros schlug ihm sogar ein Auge aus. Statt sich zu rächen, nahm der Heros ihn in seine Dienste und gab ihm so, stellvertretend für alle Protestierenden, die Möglichkeit, seinen Fehler zu erkennen und das neue Sparta aktiv zu unterstützen. Lykurg erzog die Unzufriedenen zu besseren Bürgern. Derartig emotional aufgeladene Episoden sollten polarisieren. Wer sie hörte oder las, musste sich für oder gegen die Gesellschaftsordnung bekennen, die der Nomothet verkörperte.

Der Held fügt sich nicht der alten, schlechten Ordnung, sondern bricht sie auf und schafft eine neue. Doch damit taugt er paradoxerweise auch als Vorbild, politische Verhältnisse zu destabilisieren. Um dieses Risiko einzuhegen, enden die Überlieferungen mit dem Abschied des Nomotheten, der

AUF EINEN BLICK
HELDEN DES VERZICHTS

1 Im Lauf des 17. und 18. Jahrhunderts erschütterten Bürgerkriege und Revolutionen Europa. Monarchien wurden despotischer, versprachen aber Stabilität.

2 Staatstheoretiker entwickelten republikanische Verfassungen, doch wer sollte sie erlassen, ohne von der ihm verliehenen Macht verführt zu werden?

3 Antwort fand man in Heldenerzählungen von antiken Gesetzgebern insbesondere über den Spartaner Lykurg und den Athener Solon. Denn deren Heroismus bezog auch ihren Rückzug aus der Politik mit ein.

seine Mitbürger dazu ermahnt, sich an die Gesetze zu halten, dann alle Befugnisse abgibt und die Stadt verlässt. Im Fall von Lykurg ist dieser Teil besonders eindrücklich ausgestaltet: Noch einmal will er nach Delphi reisen und nimmt vorher in einer Volksversammlung jedermann den Eid ab, die Verfassung bis zu seiner Rückkehr einzuhalten. Als ihm Apollon in Delphi bestätigt, dass seine Gesetze exzellent und ruhmreich seien, hungert sich Lykurg zu Tode und erzwingt seinem Werk auf diese Weise ewige Geltung.

Mit dieser und ähnlichen Schlusswendungen begegnen die Erzählungen auch der größten Gefahr für die Bürgergemeinden der griechischen Antike. Denn um ihre Leistung erbringen zu können, bedurften die Gesetzgeber absoluter Autorität. Sie hätten auch die Herrschaft an sich reißen und sich zu Tyrannen aufschwingen können. Von denen unterschied sie vor allem der verantwortungsvolle Umgang mit der Macht sowie die Bereitschaft, diese wieder abzugeben. Da Macht bekanntlich korrumpiert, war ihre Entscheidung eine Heldentat, die überragender Tugend bedurfte. Sicher lag darin ein Teil der Faszination begründet, die Lykurg und Solon in der Aufklärung ausübten – sie waren Gegenmodelle zu den Despoten der Frühen Neuzeit.

Anhand der Gesetzgebergeschichten ließen sich schon in der Antike vielfältige Themen ansprechen und diskutieren. Im Sparta des 5. und 4. Jahrhunderts v. Chr. dienten sie beispielsweise dazu, eine inzwischen wieder kriselnde Gesellschaft erneut auf die Verfassung einzuschwören. Ganz ähnlich verhielt es sich in Athen. Zwar hatte Solon selbst Texte über die Geschehnisse verfasst – er war auch ein begabter Dichter –, dennoch kursierten bald Versionen, die ihm auch die Gründung des so genannten Rats der 400 zuschrieben, der die Mitwirkung größerer Teile der Bürgerschaft ermöglichte. Seine genaue Funktion ist heute nicht mehr bekannt – möglicherweise bereitete er Gesetze zur Vorlage in der Volksversammlung vor, gewiss ist aber, dass Solon selbst ihn nicht erwähnte.

Eine neue Sicht auf Legenden

Während Althistoriker bis zur Mitte des 20. Jahrhunderts die Nomothetengeschichten als Informationsquelle über die Verfassungsrealität in den jeweiligen Poleis betrachteten, widmen sich Kulturwissenschaftler inzwischen den Erzählungen selbst. Sie verstehen die Geschichten jeweils aus der Zeit, in der sie neu erzählt und verändert wurden, statt aus ihnen auf die Zeiten zu schließen, in denen sie spielen. Stärker als bei vielen anderen Themen verschwimmen die Grenzen von historischer Wirklichkeit und Legende. Ein Politiker und Dichter Solon lebte nachweislich im 6. Jahrhundert v. Chr. in Athen, während Lykurg mit hoher Wahrscheinlichkeit eine fiktive Gestalt ist; beide dienten als Projektionsfläche für gesellschaftliche Prozesse und Verfassungsentwicklungen.

Als der Schriftsteller Plutarch beide Lebensbeschreibungen im 1. Jahrhundert n. Chr. verfasste, wollte er den Staatsmännern seiner Zeit einen Spiegel vorhalten und sie zu tugendhaftem Handeln anleiten. 1500 Jahre später gerieten sie mit der Wiederentdeckung antiker Schriften in den Fokus der Gelehrten. Es bildete sich ein Kanon bewunderter Gesetzgeber, zu denen auch der biblische Moses zählte. Der heutzutage zu Unrecht auf skrupellose Machtpolitik reduzierte Staatsphilosoph Niccolò Machiavelli (1469–1527) hoffte, ein neuer Gesetzgeber werde dereinst kommen und das zersplitterte Italien zu einer einzigen glücklichen Republik zusammenführen.

Noch bevor sich Rousseau und die Gelehrten der Aufklärung die Nomotheten zum Vorbild nahmen, tat dies der britische Staatstheoretiker James Harrington (1611–1677) im bürgerkriegsgeschüttelten England. 1656 erschien seine Abhandlung »The Commonwealth of Oceana« als Gegenentwurf zur Lehre von Thomas Hobbes (1588–1679), dem Verfechter absolutistischer Herrschaft. Die gewaltsamen Auseinandersetzungen zwischen der Krone und dem Unterhaus, aber auch zwischen den verschiedenen Glaubenslehren hatten die »englische Republik« (1649–1660) hervorgebracht, eigentlich eine Diktatur des Revolutionsführers Oliver Cromwell (1599–1658). Nach Jahren des Bürgerkriegs, der mit der Hinrichtung König Karls I. aus dem Hause Stuart und der Flucht seines Sohns Karl II. endete, sowie mit Blick auf den vom Dreißigjährigen Krieg verwüsteten Kontinent suchten Harrington und Hobbes nach Wegen, politische Stabilität herzustellen und zu sichern. Letzterem zufolge müssten die

Eine Statue des Athener Nomotheten Solon ziert seit 1789 einen Saal des Palais Bourbon in Paris, zunächst Sitz des »Rats der 500«, heute der Nationalversammlung.

AKG IMAGES / LAURENT LECAT (CLAUDE RAMEY: SOLON, 1798)

Bürger dazu ihre Freiheit aufgeben und sich abermals einem Souverän unterwerfen, nur so ließe sich innenpolitischer Konflikt vermeiden und allgemeine Sicherheit gewährleisten. Harrington hingegen war der festen Überzeugung, politische Freiheit sei für große Teile der Bevölkerung zu erreichen. Man könne England in eine Republik überführen, die auf der Partizipation der vielen basiere.

Dazu müsse man aus der Geschichte Gesetzmäßigkeiten ableiten, die das Schicksal von Staaten mit der Zwangsläufigkeit von Naturgesetzen bestimmten. Dann wäre eine perfekte Republik konstruierbar, die von Gesetzen, nicht von Menschen beherrscht würde. Athen und Sparta wie auch das biblische Israel kamen seinem Ideal näher als die politischen Ordnungen der Neuzeit, die seines Erachtens in einem ewigen Kreislauf von Verfall, Bürgerkrieg und Tyrannei gefangen waren. Wäre die ideale Republik erst einmal in England eingerichtet, könnten Gesetze und Institutionen den dauerhaften Bestand sicherstellen, etwa durch Ämterrotation und Gewaltenteilung. Jeder Geburtsfehler aber würde gesellschaftliche Sprengkräfte entfesseln und die Nation erneut mit Bürgerkrieg und Tyrannei schlagen.

Vergeblicher Appell an Oliver Cromwells Tugend

Das Problem lautete auch hier: Gesetzliche Regelwerke vermochte nur ein Souverän zu erlassen, der dank dieser Machtfülle zwangsläufig über ihnen stünde. Eine einzelne Person könnte zum Despoten werden, bei einer Gruppe drohte Handlungsunfähigkeit durch Streitigkeiten und Machtkämpfe. Die einzigen Beispiele dafür, wie dieser Teufelskreis zu durchbrechen sei, fand Harrington in den antiken Legenden: der tugendhafte Nomothet, der nach getaner Arbeit freiwillig auf seine Macht verzichtet. Tatsächlich schien die Zeit günstig, hielt doch einer alle Gewalt in seinen Händen: der Lordprotektor Oliver Cromwell. In seiner »Oceana« appellierte Harrington deshalb 1656 an dessen heroische Gesinnung und verhieß ihm dafür ewigen Ruhm: »Wer also wissen möchte, was man in klassischer und heroischer Zeit oder was man in Griechenland und Rom von dem verehrten Archonten [gemeint war Cromwell] gedacht und gesagt haben würde, sollte sich vielmehr erinnern, was man damals von Solon, Lykurg, Brutus und Poblicola gedacht und gesagt hat. Und in demselben Maß, wie seine Tugend, die durch die Herrlichkeit seines Werkes gekrönt wird, die Genannten überragt, weil sie entweder weniger Großes erstrebten oder weniger Großes erreichten, ist deshalb der verehrte Archont auch höher zu preisen als Solon, Lykurg, Brutus und Poblicola.«

Harrington schilderte dann in einem fiktiven Rückblick, wie Cromwell die zwei Kammern des Parlaments mit Macht ausstattet und sich sodann zurückzieht, obwohl ihn einige der Senatoren unter Tränen zu bleiben anflehen. Eine dankbare Bevölkerung errichtet eine Statue Cromwells und gedenkt seiner noch 50 Jahre später mit Inbrunst.

Doch der Appell verhallte. Als der Lordprotektor 1658 starb, musste die englische Republik zerbrechen, denn es gab keine von ihm unabhängigen Institutionen. Der im Exil lebende Karl II., bis zu diesem Zeitpunkt ein König ohne Land, kehrte zurück und wurde 1660 gekrönt. Er ließ den als Republikaner bekannten Harrington ein Jahr später festnehmen. Für diesen begann eine einjährige Leidenszeit in verschiedenen Kerkern. Davon sollte sich der Gelehrte nicht mehr erholen. Er litt unter Wahrnehmungsstörungen, Gedächtnis- und Sprachverlust. 1677 wurde er in der Londoner St Margaret's Church beigesetzt, gleich neben Sir Walter Raleigh – einem treuen Anhänger der Monarchie.

Harrington hatte sich als Erster systematisch mit Aspekten der Verfassungsgebung auseinandergesetzt. Seine »Oceana« sollte die Gründung der Kolonien in Nordamerika beeinflussen. So lautete eine Erkenntnis, Macht erwachse aus Eigentum. Der Republikaner leitete daraus die Forderung ab, Besitz möglichst breit zu verteilen. Die Kolonie Carolina deutete dies um in die Regel, nur Grundbesitzer an der exekutiven Gewalt zu beteiligen, und zwar hierarchisch gegliedert nach der Größe ihres Landes.

Harringtons wahres Anliegen war politische Stabilität durch Teilhabe vieler an der politischen Verantwortung. Dafür nahm er die Stadtstaaten der griechischen Antike zum Vorbild. Das galt auch in der von ihm diskutierten Frage, wie man die Gefahr bannen könne, die mit Machtfülle versehenen Republikgründer könnten korrumpiert werden. Die Antwort fand er in den Heldengeschichten der Nomotheten. Spätere Gelehrte wie Rousseau griffen den Ansatz von Machiavelli und Harrington auf. Die politischen Rahmenbedingungen waren in den Flächenstaaten der Frühen Neuzeit zwar ganz andere als in Poleis wie Athen oder Sparta. Als Gegenbild zum Tyrannen taugten die legendären Gesetzgeber gleichwohl. Deren geradezu übermenschliche Tugend löste das Problem, eine republikanische Verfassung dauerhaft einzurichten – durch den freiwilligen Machtverzicht.

Erst die erfolgreichen demokratischen Prozesse im Zuge der Französischen und der Amerikanischen Revolution zeigten weitere Optionen auf, als neues Erfolgsmodell der Verfassungsgebung etablierten sich repräsentative Nationalversammlungen. Für die modernen Staaten taugten die antiken Vorbilder nicht mehr, da sie politische Teilhabe zu sehr an Personen festmachten. Dennoch sind sie nicht vergessen. Sie klingen etwa in der Benennung politischer Institutionen wie des Senats an. Dass man das Machtstreben von Politikern durch Gesetze und Gewaltenteilung verhindern muss, ist eine Erkenntnis, die tief in heutige demokratische Verfassungen eingeschrieben ist. Und der fiktive Gesetzgeberheld Lykurg ziert beispielsweise das Repräsentantenhaus im amerikanischen Kongress ebenso wie den Justizpalast in Brüssel. ◂

QUELLEN

Hölkeskamp, K.-J.: Schiedsrichter, Gesetzgeber und Gesetzgebung im archaischen Griechenland. Historia Einzelschriften 131. Franz Steiner, 1999

Meurer, S.: Die Abdankung Oliver Cromwells in James Harringtons »The Commonwealth of Oceana«. Konstruktion eines kontrollierten Verfassungswechsels im England des Interregnums. In: Richter, S., Dirbach, D. (Hg.): Thronverzicht. Die Abdankung in Monarchien vom Mittelalter bis in die Neuzeit. Böhlau, 2010, S. 175–190

Szegedy-Maszek, A.: Legends of the Greek Lawgivers. Greek, Roman, and Byzantine Studies 19, 1978

FRANKREICH
DER GLANZ DES HELDEN

Gesellschaftliche Umwälzungen erschütterten Frankreich im Zuge von Absolutismus, Aufklärung und Revolution. Dabei wandelten sich auch die Vorstellungen von Heldentum und vom »eclat du héros«: vom »Glanz des Helden«, einer in der Literatur oft verwendeten Chiffre.

Der Romanist **Andreas Gelz** ist Professor für französische und spanische Literatur- und Kulturwissenschaft an der Albert-Ludwigs-Universität Freiburg. Zu seinen Forschungsschwerpunkten gehört die spanische und französische Literatur von der Frühen Neuzeit bis zur Gegenwart.

▸▸ spektrum.de/artikel/1682530

»Einst strahlender Held, heute nur noch ...« Geraten Heroen in die Kritik, kursieren häufig Formulierungen dieser Art in den Medien. Der strahlende Held, der Heroe als Lichtgestalt ist eine Vorstellung, die sich tief in das kollektive Gedächtnis eingegraben hat. Sie verweist auch auf eine schon in der Antike bekannte Lichtmetaphorik, die unter anderem der Darstellung von Herrschaft, aber auch der Kommunikation mit dem Göttlichen diente. Manche Kulturwissenschaftler erkennen im Glanz des Helden sogar ein wesentliches Element des Heroischen. So schrieb der französische Philosoph Maurice Blanchot 1965: »Der Heroismus ist Offenbarung, dieser wunderbare Glanz der Tat, die Wesen und Erscheinung vereint. Der Heroismus ist die strahlende Souveränität der Tat.«

In der französischen Literatur des 17. bis 19. Jahrhunderts lassen sich solche Ideen an zahlreichen Begriffen festmachen. Im Zentrum steht dabei die Formel »l'éclat du héros«, eben der Glanz des Helden. Man findet dieselbe Vorstellung aber in verschiedenen westeuropäischen Sprach- und Kulturräumen, im Englischen im Begriff der »radiance«, im Spanischen in jenem des »esplendor«.

»Éclat« bedeutete zunächst Splitter, Krach und Knall, dann auch Glanz und Ausstrahlung, seit dem 17. Jahrhundert zusätzlich Pracht, Aufsehen und Skandal. In der letzteren Bedeutung wurde das Wort ins Deutsche übernommen. Der »éclat« verweist somit auch auf die Widersprüchlichkeit, die Helden eigen ist: Sein Glanz erleuchtet und blendet das Publikum zugleich; sein Handeln fordert zur Nachahmung auf und ist zugleich unnachahmlich; auf Grund seines »éclat« erscheint der Heroe als Vorbild und provoziert doch nicht selten einen Eklat; er steht im Licht seines Ruhms, muss aber dessen Verblassen fürchten. Die Begriffsgeschichte von »éclat« spiegelt auf Grund dieser vielfältigen und zum Teil widersprüchlichen Bedeutungen aber ebenso den Wandel, den die Wahrnehmung des Heldentums als Ergebnis gesellschaftlicher Veränderungen erfuhr.

Im Umfeld des vieldeutigen »éclat« tauchten weitere Begriffe auf, die ein Wortfeld des Außerordentlichen aufspannten. Dazu gehören vor allem »splendeur« (deutsch Herrlichkeit, Pracht, Glanz), »brillant« und »lustre« (Brillanz beziehungsweise Glanz), »charme« (Zauber, Bann, Charme), »merveilleux« (das Wunderbare), »rayonnement« und »lueur« (Ausstrahlung beziehungsweise Schein). Hinzu kamen Bezeichnungen der Verklärung einer Person wie »nimbe« oder »gloriole« (Nimbus beziehungsweise Glorienschein), deren lateinischer Ursprung bereits das Aufscheinen göttlichen Lichts im Diesseits anzeigte.

All diese Begriffe sind auch deshalb wichtig, weil der Heroismus Blanchot zufolge zwar nur durch die Tat existiert, der Held aber allein durch das Wort. Es ist die Litera-

Die Sonne als das dominierende Gestirn diente schon in der Antike als Metapher für einen Herrscher. Ludwig XIV., der Frankreichs Stellung als Großmacht festigte, erhielt den Beinamen »der Sonnenkönig«. Bei Hoffesten in Versailles spielte er gern den Lichtgott Apoll. Der Künstler Henri Gissey entwarf dafür unter anderem dieses Kostüm mit goldenen Federn.

AKG IMAGES / MARC DEVILLE (LUDWIG XIV. ALS AUFGEHENDE SONNE; AUFGEFÜHRT IM BALLET ROYAL DE LA NUIT AM FRANZÖSISCHEN HOF, 1653)

tur, die seinem Namen Ansehen verleiht, gemeinsam mit Malerei und Bildhauerei sorgt sie für scheinbar ewigen Ruhm. Diese enge Verknüpfung beeinflusste auch das Selbstverständnis der Künstler, auf die nicht nur das Licht des Heroen fiel, sondern die ihre eigene Leistung als heroische Tat begreifen konnten. Denn in gewisser Weise waren sie es, die einen Helden erschufen.

In der 1637 erschienenen Tragikomödie »Le Cid« verwendete der Dramatiker Pierre Corneille (1606–1684) »éclat« als Bezeichnung für die Tat wie auch für die gesellschaftliche Sonderstellung des Helden, in diesem Fall eine historische Person: der Heerführer Don Rodrigo Díaz de Vivar, welcher der Legende zufolge nach erfolgreichem Kampf gegen die Mauren von diesen den Ehrentitel »El Cid«, im Französischen »Le Cid« (»mein Herr«) erhalten haben soll. Corneilles Protagonist erklärt den Glanz seiner Heldentaten zu seinem einzigen Parteigänger: »L'éclat de mes hauts faits fut mon seul partisan.«

Liebe in den Zeiten der Reconquista

Das Stück handelt aber nicht von der Reconquista, sondern thematisiert einen Konflikt zwischen Liebe und Pflichtgefühl. Die junge Adlige Chimène beschuldigt Don Rodrigue, ihren Vater im Duell umgebracht zu haben. Sie fordert die Hinrichtung auf dem Schafott, denn sie will dem Cid einen ruhmreichen Tod verwehren, der ihn über andere erheben würde: »Je demande sa mort, mais non pas glorieuse, / Non pas dans un éclat qui l'élève si haut, / Non pas au lit d'honneur, mais sur un échafaud.« Als der König diese Bitte abschlägt, bietet Chimène ihre Hand demjenigen, der Don Rodrigue im Duell tötet. Beim Auftauchen des scheinbaren Siegers Don Sanche betrauert sie jedoch den Totgeglaubten. Doch bald klärt sich das Missverständnis auf: Tatsächlich hat der Cid das Duell gewonnen und seinem Herausforderer vergeben. Am Ende vermählt der König die junge Chimène mit dem Cid, den sie nur als strahlenden Helden lieben kann, auch wenn sie ihm aus Gründen der Familienehre den Ruhm streitig machen musste.

AUF EINEN BLICK
LICHT UND SCHATTEN

1 Sein Glanz gehört zu den essenziellen Merkmalen eines Heroen. In der französischen Literatur ist »éclat« daher ein zentraler Begriff entsprechender Texte.

2 Auch die Widersprüchlichkeit von Helden, die gesellschaftliche Grenzen durchbrechen, wird von dem vielfältigen Begriff aufgefangen. Von ihm leitet sich der deutsche Ausdruck Eklat her.

3 Philosophen des 18. Jahrhunderts kritisierten die dem Adel verpflichteten Heldenmodelle. Neue entstanden, doch auch sie blieben dem Bild vom Glanz treu.

Mehr als ein Jahrhundert später liest man in der »Encyclopédie, ou dictionnaire raisonné des sciences, des arts et des métiers« (1751–1772), einem zentralen Werk der französischen Aufklärung, das Heldentum unterscheide sich gerade durch seinen Glanz von anderen herausragenden Qualitäten wie dem Großmut. Zudem rufe die Tugend des »éclat« selbst – und nicht etwa die glanzvolle Ausstrahlung tugendhaften Handelns – Erstaunen und Bewunderung hervor: »L'héroïsme differe de la simple grandeur d'ame, en ce qu'il suppose des vertus d'éclat, qui excitent l'étonnement et l'admiration.« Auch »gloire«, den Ruhm, definiert die Enzyklopädie als »renommée éclatante«, eine sich wie das Licht ausbreitende Anerkennung des Helden durch die Gesellschaft. Was freilich glanzvolle Dinge – »des choses éclatantes« – voraussetzt, etwa das Überwinden scheinbar unüberwindlicher Schwierigkeiten oder außerordentliche Tugenden.

Die auf Äußerlichkeit bedachte Seite jenes Strahlens – in der Frühen Neuzeit unabdingbarer Bestandteil heroischer Selbstpräsentation – illustriert der erste Satz des historischen Romans »La Princesse de Clèves« der Adligen Marie-Madeleine de La Fayette (1634–1693): »Zu keiner Zeit haben Pracht und Galanterie in Frankreich so viel Glanz entfaltet, wie während der letzten Regierungsjahre des Königs Heinrich II. Dieser Fürst war galant, wohlgestalt und verliebt; obwohl seine Leidenschaft für Diana von Poitiers, Herzogin des Landes Valentinois, schon seit mehr als 20 Jahren bestand, war sie nicht weniger heftig, und ebenso glanzvoll waren die Zeugnisse, durch die er sie bekundete.« Glanz und glanzvoll – »éclat« und »éclatant« – bezog die anonym publizierende Autorin also nicht allein auf den Helden beziehungsweise Herrscher, sondern auch auf eine glanzvolle Epoche in der Geschichte Frankreichs. Eine standesgemäße Geburt, Gunstbeweise, Ämter, Reichtum, Kleidung, Schönheit, Freigebigkeit, Mut, Geist, Höflichkeit, Geschick in der Konversation und im Spiel – dies alles waren Attribute des »éclat« in der höfischen Gesellschaft.

Angesichts solch vielfältiger gesellschaftlicher Kontexte verwundert es nicht, dass dem Begriff auch eine politische Bedeutung zukam: als normative Beschreibung der absolutistischen Ordnung. Insbesondere die Sonnenmetaphorik, die seit der Antike einen Herrscher charakterisierte, sollte das Verhältnis des Königs zur Aristokratie definieren. Laut dem Schriftsteller Nicolas Faret (um 1596–1646) war es das der Sonne zu den von ihr angestrahlten Planeten: »Les Princes et les Grands sont autour du Roy comme de beaux Astres, qui reçoivent de luy toute leur splendeur, mais qui confondent tout leur éclat dans cette grande lumière.«

Doch auch damals schon argwöhnte mancher, das Strahlen des Helden könne sich als Trugbild erweisen. Insbesondere moralistische Autoren wie Jean de La Bruyère (1645–1696) versuchten die glänzende Oberfläche zu durchdringen, um zum Beispiel Eigennutz als verstecktes Motiv heroischer Handlungen offenzulegen. Denn ihr »éclat prodigieux« lasse Helden den Sternen gleichen: Ihre Herkunft sei ebenso unbekannt wie ihre Zukunft und sie seien sich selbst genug. Der Adlige François de La Roche-

AKG IMAGES (EUGÈNE DELACROIX: DIE FREIHEIT FÜHRT DAS VOLK, 1830; MUSÉE DU LOUVRE, PARIS)

1830 erhob sich das Bürgertum in der Julirevolution gegen Versuche, den Absolutismus wieder einzuführen. Eugène Delacroix inspirierten die Barrikadenkämpfe zu seinem Bild »Die Freiheit führt das Volk«. Protagonistin ist die Figur der Marianne, durch leuchtenden Pulverdampf glorifiziert.

foucauld (1613–1680) konstatierte in seinen »Maximes et réflexions morales«, große und brillante Heldentaten seien oftmals nicht das Ergebnis großartiger Planungen, sondern beruhten bloß auf Launen, Leidenschaften oder gar Eitelkeit. Der trügerische Glanz könne selbst Verbrechern den Anschein von Helden verleihen: »Il y a des héros en mal comme en bien« – »Es gibt Helden im Bösen wie im Guten«. Diese Neubewertung des Heroischen bezeichnen Forscher heutzutage auch als »la démolition du héros«.

Im 18. Jahrhundert motivierten vor allem aufklärerische Ideen die Kritik an einem Heldentum, das seit der Antike von Angehörigen der Aristokratie geprägt war. Es entstand das Gegenmodell des »grand homme«, des mit Klugheit und Wissen statt Zepter und Schwert agierenden Geisteshelden. Erste Spuren lassen sich in Voltaires Abhandlung von 1751 zum Jahrhundert Ludwigs XIV. finden. Die Académie Française institutionalisierte das Konzept zwischen 1759 und 1765 durch jährliche Lobreden auf berühmte Männer insbesondere aus Wissenschaft und Kunst. Das Kriterium ihrer Heroisierung war der gesellschaftliche Verdienst, der »mérite«. Diese »grands hommes« liefen nach Ansicht führender Aufklärer den traditionellen Heroen den Rang ab. Der Staatsphilosoph Montesquieu (1689–1755) rühmte sie, gerade weil sie nicht mehr über den Menschen stünden. Der Philosoph Jean-Jacques Rousseau (1712–1778) forderte, Heldentum als menschliche Qualität zu verstehen, nicht als Attribut eines gesellschaftlichen Stands.

Neue Helden braucht das Land

Dieser Trend, Heldenmodelle kritisch und differenziert zu betrachten, verstärkte sich noch während der Französischen Revolution, wobei der militärische Aspekt aus naheliegenden Gründen wieder an Bedeutung gewann. Philosophen, Schriftsteller, Publizisten und andere Vertreter der sich entwickelnden »République des Lettres« (deutsch Gelehrtenrepublik) propagierten das Konzept des »grand homme« in Reden, Schriften, Gemälden und Skulpturen. Zudem demaskierten Autoren traditionelle Heldenkonzepte mit den literarischen Mitteln von Satire und Ironie. Voltaire etwa beschrieb in seiner Erzählung »Candide« eine Schlacht als »boucherie héroïque«, als heroisches Abschlachten. Der Schriftsteller Pierre-Ambroise-François Choderlos de Laclos (1741–1803) ironisierte in seinem Roman »Les Liaisons dangereuses« – »Gefährliche Liebschaften« – die Verführung einer noch unschuldigen jungen Frau als das einem Helden zur Ehre gereichende Abenteuer. Auch Parodien auf typische heroische Textgattungen wie der Ode gehörten zum Repertoire der kritischen Literaten.

Im Lauf des 18. Jahrhunderts trugen diese Ansätze wesentlich zum Entstehen neuer beziehungsweise zu Weiterentwicklung bestehender literarischer Gattungen bei. Dies gilt insbesondere für den Roman, der sukzessive den Begriff des Helden für seine Hauptfiguren reklamierte. Weil deren Darstellung weit stärker der Realität entsprach als die idealtypischen Lebensentwürfe althergebrachter Heldenbilder, wurden diese allmählich angepasst. Traditionelle Kategorien aristokratischen Heldentums wie Ruhm, Freigebigkeit, Großmut oder eine religiös geprägte Aura wurden abgelöst von neuen Konzepten wie dem »Glanz der Vernunft« (»éclat de la raison«) oder dem »Glanz der Freiheit« (»éclat de la liberté«), in deren Zeichen neue Heldentaten vollbracht wurden (siehe Bild). War das Strahlen des Helden lange Zeit bildhafter Ausdruck feudaler Gesellschaftsordnungen, sogar ein Instrument absolutistischer Propaganda, wurde der »éclat« in der Bedeutung von Eklat und Skandal nach der Französischen Revolution Teil einer Logik, die alte Helden zu Fall und neue hervorbrachte. ◂

HORATIO NELSON
»GOTT SEI DANK HABE ICH MEINE PFLICHT GETAN«

Der britische Admiral und Sieger von Trafalgar gilt als Inbegriff britischer Ideale des Empire: Eroberung und Seefahrt, Heldenmut, Pflichterfüllung. Im Zuge einer Neubewertung der kolonialen Vergangenheit Englands gerät aber auch er in die Kritik.

Ulrike Zimmermann ist promovierte Anglistin und forscht an der Albert-Ludwigs-Universität Freiburg unter anderem zur Verbreitung von geschichtlichem Wissen durch populäre Medien im Großbritannien der Gegenwart.

▸▸ spektrum.de/artikel/1682534

Seinen Zeitgenossen galt Horatio Nelson (1758–1805) als genialer Stratege, mehr noch: als Held, der sein Leben für England riskierte. Dessen Vormachtstellung auf den Weltmeeren – Grundlage seines Kolonialreichs – verdankte es nicht zuletzt Nelsons Siegen. Bis heute gehört dieser zur nationalen Erinnerungskultur Großbritanniens. Als Symbolfigur einer aggressiven Expansionspolitik wird sein Heldenstatus aber auch kritisiert.

Schon Nelsons Werdegang beeindruckt. 1758 als Sohn eines Geistlichen in der Grafschaft Norfolk geboren, lernte er segeln und trat mit zwölf Jahren – dem damals üblichen Alter – in die britische Marine ein. Protegiert von einem mit ihm verwandten Offizier, aber auch dank seiner Intelligenz, seines Muts und eines ausgeprägten Pflichtbewusstseins stieg Nelson bereits mit 20 Jahren zum Kapitän auf. Er bewährte sich in etlichen Seegefechten, musste jedoch Tribut zollen: 1794 wurde sein rechtes Auge bei einem Feuergefecht auf Korsika von herumfliegenden Trümmerteilen so schwer verletzt, dass es die Sehkraft verlor.

Im Februar 1797 schlug seine große Stunde – ausgerechnet durch Insubordination. England befand sich seit dem Vorjahr im Krieg mit dem republikanischen Frankreich und dessen Verbündetem Spanien. Nahe Kap St. Vincent an der Südwestspitze Europas überraschte die britische Mittelmeerflotte eine spanische Armada. Die war zwar an Zahl überlegen, für einen Kampf allerdings nicht vorbereitet, ihr Admiral suchte daher das Heil in der Flucht. In der damals üblichen Linienformation nahmen die Engländer die Verfolgung auf. Nelsons Schiff »Captain« lag weit hinten, doch ein geschicktes Manöver brachte es so in den Wind, dass er die eigene Linie durchstieß und als Erster das Feuer eröffnete. Gemeinsam mit der kurz darauf eintreffenden »Culloden« beschoss er die »San Nicolas« und die »San Josef«, die er zudem direkt nacheinander enterte, also ohne zwischenzeitlichen Rückzug auf das eigene Schiff. Ein solches »double boarding« galt als besonders mutig und spektakulär. Nelson hatte mit seinem Manöver zwar gegen den ausdrücklichen Befehl des Flottenkommandanten verstoßen, in der Linie zu bleiben. Doch der Erfolg gab ihm Recht. Berichte und Druckschriften rühmten seine Entschlusskraft. Noch im gleichen Monat wurde er zum »Rear Admiral of the Blue« befördert, dem neunthöchsten Rang der britischen Marine.

Ein dramatischer Fehlschlag

Auf den Triumph folgte nur fünf Monate später eine Katastrophe. Der britische Admiral John Jervis hatte erfolglos versucht, wichtige Versorgungsrouten der Spanier durch eine Blockade des Hafens von Cádiz zu unterbrechen. Als er erfuhr, dass feindliche Konvois mit Gütern aus den Kolonien regelmäßig Teneriffa ansteuerten, entsandte er den frisch beförderten Nelson. Der versuchte, Teneriffas Hauptstadt Santa Cruz einzunehmen, wo die angeblich reich beladene »Principe de Asturias« vor Anker lag. In einiger Entfernung von der Küste ließen die Briten Beiboote zu Wasser. Die Landungstruppen sollten Geschützstellungen und Warnposten außer Gefecht setzen, das Fort Paso Alto und dann die nahe Stadt einnehmen. Doch in der klaren Nacht wurden die Angreifer gesichtet. Durch widrige Meeresströmungen langsa-

AUF EINEN BLICK
AUF SCHWANKENDEM SOCKEL

1 Mut, Charisma, Entschlossenheit, Pflichtgefühl und ungewöhnliche Strategien – Horatio Nelson brachte alles mit, was Helden ausmacht. Zudem riskierte er trotz früherer Verwundungen stets neu sein Leben.

2 Als wichtiger Teil einer gut funktionierenden Militärmaschinerie trug Nelson dazu bei, dass Großbritannien um 1800 zur unangefochtenen Seemacht aufstieg, zuletzt in der Schlacht von Trafalgar.

3 Der Admiral wurde zum Symbol des kriegerisch expandierenden britischen Kolonialreichs. Da er auch die Sklavenwirtschaft unterstützte, gilt manchen sein Denkmal im Herzen Londons als nicht zeitgemäß.

mer als geplant, mussten sie umkehren, als sie unter spanisches Feuer gerieten. Einen zweiten und schließlich einen dritten Versuch unter Nelsons Führung wehrten die Gegner ebenfalls ab. Mehr noch: Als er sein Landungsboot verlassen wollte, zerschmetterte eine Kugel seinen rechten Oberarmknochen und verletzte eine Arterie.

Obwohl schwer verletzt, ließ sich der Admiral nicht an Bord tragen, sondern nutzte wie alle die Leiter. Der Schiffsarzt erklärte den Arm für verloren und eine fast vollständige Amputation für unumgänglich, um Nelsons Leben zu retten. Auf dem Operationstisch festgehalten, ertrug dieser die Prozedur stoisch. Als der Admiral einen Bericht an seinen Vorgesetzten diktierte, übernahm er die volle Verantwortung für die Niederlage, lobte sogar die Tapferkeit seiner Matrosen. Aus einer ersten Schreibprobe mit der Linken sprach Verzweiflung: »Ich bin eine Last für meine Freunde geworden und nutzlos für mein Land.« In Depression versinkend, von Schmerzen geplagt, die er mit dem damals üblichen Schmerzmittel Opium bekämpfte, zudem gepeinigt von Schlafstörungen, kehrte Nelson nach Großbritannien zurück. Der strahlende Held schien am Ende, und wohl niemand erwartete, ihn noch einmal als Kommandant eines Schiffes zu sehen, am wenigsten er selbst.

Doch schon wenig später besann sich Nelson seiner Stärken. Beharrlich übte er das Schreiben mit der Linken. Statt seine Behinderung zu verstecken, heftete er den leeren Ärmel quer über die Brust an seine Uniformjacke (siehe Bild). Das Opfer, das er für England gebracht hatte, war somit für jedermann sichtbar. Statt Mitleid erntete er für diese Haltung Bewunderung und

Gut 50 Meter hoch ragt Nelsons Statue über Londons Trafalgar Square auf, der leere Ärmel an die Jacke geheftet – der Admiral versteckte den Armstumpf nicht.

Respekt. Und wenn in Gesellschaft eine peinliche Stimmung aufkam, scherzte Nelson selbst über seine Behinderung, nannte den Armstumpf gar seine Flosse. Als König Georg III. ihm den Ritterorden »Order of the Bath« im September desselben Jahrs verlieh und dabei ungeschickt auf das Handikap zu sprechen kam, präsentierte Nelson rasch seinen Begleiter Kapitän Edward Berry als »rechte Hand«. Der diente seit 1796 unter seinem Kommando, zunächst als Leutnant, dann als Erster Offizier, in der Seeschlacht bei St. Vincent als Commander und später als Kapitän des Flaggschiffs »Vanguard« der nelsonschen Flotte.

Im folgenden Dezember besserte sich Nelsons Gesundheitszustand. Der Schiffsarzt hatte für die Amputation Blutgefäße abgebunden, und diese Ligatur hatte sich immer wieder entzündet. Doch nun war sie von selbst herausgewachsen. Mit neuem Mut bemühte sich Nelson um ein Kommando. Als Admiral musste er keine schweren körperlichen Arbeiten verrichten, seine Funktion konnte er auch einarmig erfüllen. Ohnehin war Versehrtheit bei Seeleuten nicht selten.

Katz und Maus im Mittelmeer

Im Jahr darauf nahm der Krieg gegen Frankreich Fahrt auf. General Napoleon Bonaparte (siehe »Revolutionär, Kaiser, Medienexperte« ab S. 76) wollte seinen Erzfeind empfindlich treffen, indem er Ägypten eroberte und damit den Warentransport zwischen dem Mittelmeer und dem Roten Meer unter seine Kontrolle brachte, mithin die kürzeste Verbindung Europas nach Indien. Ein Sieg würde, so die Hoffnung Bonapartes, Großbritannien aus den Koalition der Feinde Frankreichs drängen.

Zwei Monate lang lieferten sich die Gegner ein Katz-und-Maus-Spiel. Oft verfehlten sich die beiden Flotten nur knapp. In Briefen an seine Frau ließ der Admiral seine zunehmende Frustration durchscheinen. Am 1. August war es dann endlich so weit: Nelson stellte die Gegner in der Bucht von Abukir, nordöstlich von Alexandria. Einmal mehr erwies er sich als kühner Stratege. Die französische Flotte ankerte im Vertrauen auf die komplizierten Strömungsverhältnisse der Bucht in einer weit gezogenen Linie vor der Küste. Ihr Admiral Brueys d'Aigalliers glaubte, kein britisches Kriegsschiff würde im Raum dahinter manövrieren können. Doch die Briten hatten die besseren Seekarten, und Nelson fuhr unter dem Befehl, den endlich gefundenen Gegner, sofern er vor Anker lag, sofort anzugreifen.

Von zwei Seiten unter Beschuss genommen, geriet das Flaggschiff »L'Orient« in Brand, seine beiden Pulvermagazine explodierten, und der Stolz Frankreichs versank – ein symbolträchtiger Moment. Am 3. August war der britische Sieg ausgemacht. Die Schlacht bei Abukir bedeutete das Ende der gerade neu erstarkten französischen Marine, die britische sollte nun lange unangefochten die Weltmeere beherrschen.

Admiral Nelson war damit endgültig zur Berühmtheit geworden. Politiker baten ihn um Rat, Angehörige der feinen Gesellschaft sonnten sich in seinem Glanz. Man lud ihn ein und feierte den Helden der »Battle of the Nile«. Großbritanniens frühe Industriebetriebe produzierten

NATIONAL MARITIME MUSEUM, GREENWICH, LONDON (UNBEKANNTER MALER: TWAS IN TRAFALGAR'S BAY, UM 1880; ROYAL MUSEUMS GREENWICH)

Ein Marineveteran erklärt einem Jungen William Turners »The Battle of Trafalgar« in der Naval Gallery. Turners Gemälde ist Teil der britischen Erinnerungskultur.

Unmengen Tassen und Teller, Fächer und Pillendöschen mit mehr oder minder auf Ägypten verweisenden Motiven. Zwischen Bildern von Palmwedeln, Schiffen, Ankern und Krokodilen fand sich das Konterfei des siegreichen Admirals. Die durch die industrielle Revolution in England möglich gewordene Massenproduktion bediente die Nachfrage nach Souvenirs für den Nelson-Personenkult, und es war für jeden Geldbeutel etwas dabei.

Auch diese Schlacht hatte er nicht unversehrt überstanden: Als Gast des britischen Botschafters Sir William Hamilton kurierte der Admiral in Neapel eine Kopfwunde aus. Dessen 30 Jahre jüngere Frau Emma kannte er schon von einer früheren Begegnung, nun aber verliebte er sich. Berichten zufolge war Emma schön und intelligent, kam aus einfachen Verhältnissen und hatte schon Johann Wolfgang Goethe auf seiner Italienreise durch ihre »Attitüden« fasziniert – lebende Bilder und Darstellungen klassischer Figuren und Szenen. Die Vertraute der Königin von Neapel hatte sich dafür verwendet, dass Nelsons Flotte auf dem Weg nach Abukir Proviant erhielt. Als Neapel 1799 von den Franzosen besetzt wurde, revanchierte sich der Admiral und evakuierte die Königsfamilie inklusive der Hamiltons. Mit seinen Schiffen unterstützte er zudem die Rückeroberung der Metropole und die Zerschlagung der »Parthenopäischen Republik«. Es folgte ein unrühmliches Kapitel in seiner Biografie: Obwohl sie sich ergeben hatten, ließ Nelson ihre Anführer vor ein Kriegsgericht stellen und beispielsweise den republikanischen Admiral Francesco Caracciolo hängen. Ob der Brite die für eine Kapitulation ausgehandelten Bedingungen nicht akzeptiert hatte oder ob die Republikaner von anderen Vertretern der monarchistischen Koalition betrogen worden waren, lässt sich mangels verlässlicher Quellen kaum entscheiden. Am Ende der kurzen Republik waren große Teile der intellektuellen Elite Neapels verhaftet oder gar hingerichtet.

Mag Nelsons Rolle dabei aus heutiger Sicht einen Makel auf sein glänzendes Image werfen, kritisierten die Briten den Verheirateten eher für seine Liaison mit Emma Hamilton: Der gefeierte, aber selbst verheiratete Militär war ein Ehebrecher. Doch auch das wurde ihm letztlich verziehen. Er blieb der Held, der für England siegte. Wer wollte es ihm verdenken, dass er auch eine schöne Frau eroberte? Das Liebespaar zog sich auf den neu erworbenen Landsitz Merton in der südenglischen Grafschaft Surrey zurück. Ihnen blieben leider nur wenige Jahre: Der 1802 mit Frankreich geschlossene Frieden hielt nicht lange. Krieg drohte, Nelson wurde 1803 Oberkommandeur der britischen Mittelmeerflotte.

Napoleon plante, in England einzumarschieren. Dazu sollte eine französisch-spanische Flotte unter dem Kommando des Vizeadmirals Pierre de Villeneuve zunächst britische Besitzungen auf den Westindischen Inseln bedrohen, um Teile der Royal Navy wegzulocken. Dann würden Frankreichs Schiffe wenden und sich mit der Atlantikflotte vereinen, den Ärmelkanal unter ihre Kontrolle bringen und endlich die Invasion einleiten. Die Briten durchschauten die kühne Strategie und reagierten mit Hafenblockaden und Verfolgungsjagden. Am 21. Oktober 1805 trafen 27 britische Kriegsschiffe unter Nelsons Kommando vor Kap Trafalgar an der Südwestküste Spaniens auf die französisch-spanische Flotte aus 33 Schiffen.

Erneut brach Nelson mit der üblichen Schlachtordnung aus einander gegenüberliegenden Linien: Die Briten griffen in zwei nebeneinanderfahrenden Reihen an und spalteten so die französisch-spanische Linie, beim Gegner brach bald Chaos aus. Nelsons Flaggschiff »Victory« lieferte sich ein Duell mit der gegnerischen »Bucentaure«, wurde dann jedoch von der »Redoubtable« blockiert und seinerseits unter Feuer genommen. Das Gefecht dauerte bereits einige Stunden, als ein Musketenschütze der »Redoubtable« in den Pulverdampf schoss, der über das so genannte Quarterdeck der »Victory« waberte, wohl in der berechtigten Hoffnung, dort einen Offizier zu treffen. Seine Kugel konnte zwar nicht verhindern, dass England vor Trafalgar siegte. Doch sie durchschlug Nelsons Wirbelsäule, der Admiral starb drei Stunden später.

Zu Beginn der Schlacht hatte er den britischen Besatzungen durch Signalflaggen seine Devise übermitteln lassen: »England expects that every man will do his duty.« Beifall und Jubel bestätigten einmal mehr, dass der Charismatiker Menschen zusammenschweißen konnte. Vor seinem Tod erfuhr Nelson noch, dass die an Zahl überlegene gegnerische Flotte besiegt war. Laut dem Schiffsarzt verabschiedete sich der Sterbende von seinem Kapitän und langjährigen Weggefährten Thomas Hardy mit den Worten: »Now I am satisfied. Thank God I have done my duty.«

Nelson sollte nicht auf See bestattet, sondern in die Heimat überführt werden. So trat der Leichnam auf dem schwer beschädigten Flaggschiff die letzte Reise an. Um den Körper vor Verwesung zu schützen, wurde er in Alkohol eingelegt – in einem Fass Cognac, den man mit Kampfer und Myrrhe versetzte. Als die »Victory« nach einer Woche Gibraltar erreichte, wurde er für die Weiterfahrt in einen mit Weingeist gefüllten und mit Blei ausgekleideten Sarg umgebettet.

Eine Nation trägt Trauer

Die Todesnachricht versetzte der britischen Öffentlichkeit einen Schock und überschattete den Sieg. Zwar war das Vereinigte Königreich nun vor einer französischen Invasion sicher, doch die Nation hatte einen hohen Preis gezahlt. Das Staatsbegräbnis am 9. Januar 1806 war dementsprechend monumental. Nelson wurde zunächst für drei Tage in der »Painted Hall« des Greenwich Hospital in London aufgebahrt. Ein Lastkahn mit Trauerflor transportierte den Sarg dann auf der Themse nach Whitehall, dem Regierungsviertel, wo er über Nacht im Gebäude der Admiralität stand. Von dort aus wurde er auf einem Leichenwagen in die St.-Pauls-Kathedrale, die Bischofskirche der Diözese London, gebracht. Tausende Zuschauer säumten den Weg. Selbst Bettler trugen angeblich Trauerflor. Die Matrosen der »Victory« waren vom Dienst freigestellt worden. Als der Sarg ins Grab abgelassen wurde, legten sie Schiffsflaggen darauf – aber einen Fetzen von der größten riss jeder als Erinnerungsstück ab.

Eine Flut von Berichten und bildlichen Darstellungen informierte das Land über die Großveranstaltung. Die britische Druckindustrie erlebte einen Aufschwung, der über Jahre anhielt. Zu den beliebtesten Motiven gehörte eine weinende Britannia, die den Sterbenden in ihren Armen trug. Dazu kamen wieder zahllose Trauersouvenirs, etwa Medaillons oder Gläser, dekoriert mit Bildern des Verstorbenen sowie ihn rühmenden Versen. So fand sich etwa auf dem Deckel einer »patch box«, eines emaillierten Döschens für Schönheitspflaster, ein Segelschiff, das umrundet war von den Worten: »Off Trafalgar the Battle was Fought / Lord Nelson's Life the Victory bought«. Dank dieser Fankultur konnten auch jene Briten an der allgemeinen Trauer teilhaben, denen eine persönliche Verbindung zur Marine fehlte. Selbst ein Teeservice oder Fächer mit entsprechender Dekoration demonstrierte, dass man an den aktuellen Ereignissen interessiert war, und lieferte Gesprächsstoff.

Nelson wurde zum Helden, weil er klug und unerschrocken war, aber auch, weil er gegen den Strom schwamm, wenn es ihm im Interesse Englands zielführend erschien. Sein Pflichtbewusstsein machte ihn zum Vorbild, ebenso seine zäher Wille, Schicksalsschläge zu überwinden. Die

Es war möglicherweise nur ein Schuss ins Blaue gewesen, denn auf dem Quarterdeck der »Victory« waberte bei der Schlacht von Trafalgar Pulverdampf, und die Sicht war schlecht. Doch ein französischer Schütze verletzte Nelson so schwer, dass der Admiral wenige Stunden später starb – nach dem britischen Sieg.

Liaison mit einer verheirateten Frau fügte dem Bild eine glamouröse Facette hinzu. Wie für Helden typisch, war er eine Projektionsfläche für gesellschaftliche, politische und auch persönliche Wünsche und Ideen.

Diese von Denkmälern und Souvenirs getragene Erinnerungskultur ist in Großbritannien noch immer allgegenwärtig. Nelson's Column, 1843 fertig gestellt, ist ein Wahrzeichen Londons. Der sie umgebende Trafalgar Square (siehe Bild S. 71), einer der größten öffentlichen Plätze Londons, erhielt Mitte der 1830er Jahre seinen Namen und wurde 1844 der Öffentlichkeit übergeben. Auch die irische Hauptstadt Dublin hatte seit 1809 eine solche Säule. Doch Nelson's Pillar, ein Sinnbild des in der irischen Republik verhassten Englands, wurde 1966 bei einem Sprengstoffanschlag schwer beschädigt und später abgebaut.

Das Flaggschiff von Trafalgar, die »Victory«, liegt heute im »Historic Dockyard« des Marinehafens Portsmouth. In den Planken des Quarterdecks entdecken Besucher eine Plakette mit der Aufschrift »Here Nelson Fell«. Das Metallstück ersetzte eine direkt nach der Schlacht dort angebrachte Holztafel. Der Museumsshop des Dockyard offeriert ein Sammelsurium von Nelson-Devotionalien, vom Lesezeichen über Schiffsmodelle bis zu Spiel- und Bastelsets für Kinder.

Nelsons Uniformrock, der »Trafalgar Coat«, ist das zentrale Objekt der Dauerausstellung »Nelson, Navy, Nation« im National Maritime Museum in Greenwich. Gut zu sehen ist das Loch in der Schulterpartie, das die tödliche Kugel hinterließ. Verschiedene Orden sind aufgestickt, entgegen landläufiger Berichte trug Nelson die Originale dieser Orden in seiner letzten Seeschlacht nicht. Vielmehr trug er bei Trafalgar aus unbekanntem Grund seine Alltagsuniform, auf Englisch »undress uniform« – im Gegensatz zu vielen anderen Offizieren, die sich gerade für Schlachten, die Höhepunkte ihrer Karrieren, regelrecht in Schale warfen.
Das einzig Besondere an Nelsons Alltagsuniform waren die Sterne der Ritterorden, von denen er gleich vier hatte.

Die Ausstellung in Greenwich, die am 21. Oktober 2005 anlässlich des 200. Jahrestags der Schlacht eröffnet wurde, würdigt die militärischen Leistungen, stellt Nelson aber in den Kontext der großen Institution der Marine, die ein wesentlicher Bestandteil der imperialen Bestrebungen und

der nationalen Identität Großbritanniens war. Entgegen dem landläufigen Bild vom einzigartigen Genie und allein obsiegenden Helden gilt der Admiral heutigen Historikern vor allem als wichtiger Teil eines gut funktionierenden militärischen Räderwerks.

Nelsons dunkle Seite

Doch das Großbritannien des 21. Jahrhunderts sonnt sich nicht nur im Glanz vergangener Größe, sondern arbeitet seine imperiale und koloniale Vergangenheit auf. Damit richtet sich das Augenmerk auch auf seine militärischen Helden. Nicht nur hatte Nelson seinen Ruhm durch Kriege erworben, er unterstützte auch den atlantischen Sklavenhandel. So machte er beispielsweise seinen Einfluss geltend, um befreundeten Besitzern karibischer Plantagen zu helfen, die mit Sklaven bewirtschaftet wurden. Nelson war zudem ein entschiedener Gegner von William Wilberforce, einem führenden Kopf der Bewegung zur Abschaffung des Sklavenhandels.

Darauf wies etwa die Journalistin Afua Hirsch 2017 im »Guardian« hin. Ihr Fazit: Nelson's Column müsse als Relikt einer unrühmlichen Vergangenheit demontiert werden. Der Aufruf sorgte für Entrüstung. Mochte der bekannteste Seeheld Großbritanniens auch dunkle Seiten gehabt haben, wollte man die glorifizierende Erinnerung an ihn doch keineswegs tilgen. Denn so funktionieren Heldenzuschreibungen. Menschen bewundern charismatische Sieger. Sie identifizieren sich mit ihnen und blenden problematische Eigenschaften und Handlungen aus. Mit der Aufarbeitung des imperialistischen Erbes Großbritanniens gerät Nelsons Status ins Wanken. Vielleicht kommt der Held von einst aktuellem nationalistischem Gedankengut gut zupass. Oder solche Qualitäten Nelsons bleiben im Vordergrund, die dazu ein Gegengewicht bieten können: Pflichtbewusstsein, Eigensinn, Mut und Durchhaltevermögen. Helden sagen viel über die Gesellschaften aus, denen sie entstammen. An Horatio Nelson werden sich die Geister scheiden; in die historische Bedeutungslosigkeit versinken wird er nicht. ◂

QUELLEN

Colville, Q., Davey, J. (Hg.): Nelson, Navy & Nation, The Royal Navy and the British People. Conway, 2013

Hirsch, A.: Toppling Statues? Here's why Nelson's column should be next. The Guardian, 22. August 2017

Unsworth, B.: Horatios Schatten. Manhattan/Random House, 2002

Zimmermann, U.: Von Admirälen und Lesezeichen. In: Aurnhammer, A., Bröckling, U. (Hg.):. Vom Weihegefäß zur Drohne. Kulturen des Heroischen und ihre Objekte. Ergon, 2016, S. 192–205

NAPOLEON I.
REVOLUTIONÄR, KAISER, MEDIENEXPERTE

Selten gelang es einem Herrscher, sich so gekonnt als Held zu inszenieren, wie Napoleon Bonaparte. Noch lange nach seinem Tod prägte der von ihm geschaffene Mythos die französische Politik.

Der Historiker und Germanist **Benjamin Marquart** promoviert am Freiburger Lehrstuhl für Neuere und Neueste Geschichte Westeuropas über den Bonapartismus.

⏩ spektrum.de/artikel/1682536

»Sein Leben war das Schreiten eines Halbgottes von Schlacht zu Schlacht und von Sieg zu Sieg. Von ihm könnte man sehr wohl sagen, daß er sich in dem Zustande einer fortwährenden Erleuchtung befunden, weshalb auch sein Geschick ein so glänzendes war, wie es die Welt vor ihm nicht sah und vielleicht auch nach ihm nicht sehen wird.« In den Augen Johann Wolfgang Goethes (1749–1832) war Napoleon Bonaparte (1769–1821) ein Universalgenie und Heros. Der ehemalige Kaiser der Franzosen habe das Angesicht seines Zeitalters zutiefst geprägt.

AUF EINEN BLICK
LA REVOLUTION, C'EST MOI

1. Ein Held zu sein, gehörte in der Frühen Neuzeit zum Image der Mächtigen. Auch Napoleon Bonaparte setzte sich nach allen Regeln der Kunst so in Szene.

2. Als General der Revolutionsarmee stellte er seine militärischen Vorzüge heraus, als Erster Konsul gab er den Retter der Revolution, als Kaiser den Förderer von Rechtsstaatlichkeit und liberalen Ideen.

3. Diverse Bildwerke sowie von Napoleon kontrollierte Berichte ließen einen Heldenkult entstehen, der über seinen Tod hinauswirkte: Der Machtpolitiker Bonaparte wurde zur Symbolfigur der Antimonarchisten.

Goethe teilte diese Begeisterung mit etlichen deutschsprachigen Künstlern. Der Tod des Korsen am 5. Mai 1821 inspirierte manchen zu kunstvollen Trauergedichten. Der Österreicher Franz Grillparzer (1791–1872) etwa porträtierte den Korsten dabei einerseits als Geißel Gottes und Weltenzerstörer, andererseits als Übermenschen: »Er war zu groß, weil seine Zeit zu klein.« Literaten wie Goethe und Grillparzer bedeutete Bonapartes Tod nichts weniger als das Ende einer Epoche. Diese geschichtliche Dimension war für sie ein zentrales Merkmal seines Heldentums. Dass dem Korsen tatsächlich eine solche Bedeutung zukam, sollte sich im weiteren Verlauf des 19. Jahrhunderts noch bewahrheiten.

Als Person von historischem Ausmaß wahrgenommen zu werden, war schon Napoleon selbst ein zentrales Anliegen. Die Art und Weise, wie er sich 1801 von dem französischen Historienmaler Jacques-Louis David porträtieren ließ, ist dafür ein beredtes Beispiel (siehe Bild): Als jener dynamische General, der die Revolutionsarmee ein Jahr zuvor über den Alpenpass des Sankt Bernhard gegen eine Koalition europäischer Monarchien führte. Am unteren Bildrand malte der Künstler in Felsen gemeißelte Namen, die Napoleons Anspruch dokumentierten: »Karolus Magnus« und »Annibal« – Karl der Große und Hannibal – sind neben

Ruhig sitzt der General auf dem sich aufbäumenden Ross, windumtost weist er die Richtung, während seine Soldaten Kanonen über den Gebirgspass des Sankt Bernhard gen Italien ziehen. Es ist die Pose eines Helden.

ALAMY / ARTEPICS (JACQUES-LOUIS DAVID: NAPOLEON BONAPARTE ÜBERQUERT DIE ALPEN, 1800)

»Bonaparte« zu lesen. Napoleon, der kurz vor der Alpenüberquerung das Frankreich regierende Direktorium mit einem Staatsstreich ausgeschaltet hatte und seitdem die Erste Französische Republik als Konsul regierte, erscheint auf diesem Gemälde somit nicht nur als Mann der Tat, sondern auch als Schlusspunkt einer Reihe von Heroen, die den Lauf der Geschichte verändert hatten.

Wie kaum ein Zeitgenosse war Bonaparte bemüht, ein solches Bild seiner selbst zu konstruieren, zu propagieren und der Nachwelt zu überliefern. Dabei nutzte er geschickt die Medien. Beispielsweise gründete er anlässlich seines Italienfeldzugs 1796/1797 zwei Zeitschriften eigens dazu, die Heldentaten der von ihm geführten Armee in der Heimat zu verkünden. Die Kampagne gelang offenbar, denn dieser Feldzug bildete den Grundstein seiner militärischen und politischen Karriere. Später berichtete der »Bulletin de la Grande Armée« von seinen Eroberungen, nach der Krönung zum Kaiser der Franzosen 1805 erschien er als feste Rubrik der damals bedeutendsten französischen Tageszeitung »Moniteur universel«. Zwar zeichnete Vivant Denon, Napoleons Vertrauter und engster Mitarbeiter in Sachen Kunstpolitik, offiziell für die Redaktion der Seiten verantwortlich, tatsächlich korrigierte der Herrscher fast jede Ausgabe eigenhändig.

Daneben betätigte er sich als Kunstmäzen, doch wie die Historikerin Annie Jourdan von der Universität Amsterdam 1998 zeigte, diente das ebenso vor allem der Pflege und Kontrolle eines Heroenimages. Immer wieder beauftragte Napoleon Künstler mit Porträts, Büsten und gelegentlich Statuen, die Aspekte seinen Heldentums abbilden sollten. Denn im Lauf seiner Karriere bedurfte es neuer Zuschreibungen, um sein Handeln angemessen zu präsentieren. So stilisierte er sich zunächst traditionell als Feldherr, der seine Truppen unter widrigen Umständen von Sieg zu Sieg führt. Nach dem Staatsstreich von 1799 setzte sich Bonaparte als Retter der Revolution in Szene, der einem korrupten Direktorium und fortschreitender Anarchie Einhalt geboten hatte. Mit dem Erlass des »Code Civil des Français«, einem Gesetzbuch zum Zivilrecht, gab er 1804 den Gesetzgeber und Helden der liberalen Ideen. Der Kaiser, der große Teile Europas erobert und dessen Erbmonarchien unterworfen hatte, ließ sich nunmehr als politischer Lichtbringer darstellen, der Ideen und Prinzipien der Revolution auf dem Kontinent verbreitete. Insgesamt entwarf sich Napoleon als Figur von außergewöhnlicher historischer Größe, bei der das klassische militärische Heldentum nur eine Facette von vielen war.

Letztendlich erfüllte dieses Bildprogramm, allen Überhöhungen eingedenk, die traditionelle Funktion, Herrschaft zu repräsentieren. Ein Held zu sein, gehörte zu den etablierten Zuschreibungen frühneuzeitlicher Könige, selbst wenn sie in Wahrheit kaum militärische Leistungen vorzuweisen hatten. Im Gegensatz zu seinen monarchischen Vorgängern war Napoleon jedoch kein heldenhafter Herrscher, sondern ein Held, der herrschte. Seine politische Legitimation war tatsächlich untrennbar an sein Verhalten auf dem Schlachtfeld gebunden. Im Umkehrschluss bargen Niederlagen die Gefahr politischer Delegitimation.

Rückkehr der Bourbonen

Militärischer Misserfolg war es denn auch, der den Kaiser zu Fall bringen sollte. Nachdem er seine Grande Armée 1812 im Russlandfeldzug aufgerieben hatte, witterten die europäischen Mächte wie auch seine innenpolitischen Gegner ihre große Chance. 1813 erhoben sich die deutschen Staaten, am 30. März 1814 standen verbündete preußische und russische Truppen vor Paris. Napoleon dankte ab und wurde ins Exil nach Elba geschickt, die Dynastie der Bourbonen kehrte mit Ludwig XVIII. (1755–1824) auf den Thron zurück.

Der neue König schien sich zunächst gut in die politischen Gegebenheiten einzufinden. Er gab sich kompromissbereit gegenüber den Errungenschaften der Revolution und verabschiedete eine Verfassung, die Bürgerrechte und eine konstitutionelle Monarchie beinhaltete. Anfänglich profitierte er von der Kriegsmüdigkeit und dem Verdruss der Bevölkerung – in den letzten Jahren der napoleonischen Herrschaft hatte sie unter schlechten wirtschaftlichen Bedingungen und Zwangsrekrutierungen gelitten. So konnte sich Ludwig XVIII. zunächst als Spross eines nationalen Königsgeschlechts darstellen, dass auf den heroischen Ahnen Heinrich IV. (1553–1610) zurückging. Bereits am 1. März 1815 schlug die Situation um: Napoleon kehrte aus dem Exil zurück und wurde in vielen Städten

Als Kuppelkirche geplant, in der Revolution zur Ruhmeshalle umgewidmet, ist das Panthéon in Paris eine nationale Weihestätte. Im Giebelschmuck verleiht die Göttin des Ruhms Siegeskränze an historisch bedeutende Personen wie Napoleon (der Erste rechts von ihr).

Napoleons treueste Generäle trauern an seinem – fiktiven – Grab auf Sankt Helena, während die in früheren Schlachten gefallenen Soldaten grüßen.

im Triumph empfangen; die Bourbonen flohen aus Paris. Bonapartes folgende Herrschaft der hundert Tage erwies sich als eine der Phasen, in der sein Heldenmodell so wirkmächtig war wie selten zuvor. Mehr denn je konnte er sich zum Verteidiger und Helden der liberalen Ideale der Französischen Revolution hochstilisieren, der den Mächten der Restauration Paroli bot. Dass die Bourbonen an seinen Anhängern und Unterstützern Vergeltung übten, bestätigte diesen Mythos sogar.

Daher wirkte er über Napoleons Niederlage bei Waterloo im Juni 1815 und seine Verbannung auf die ferne Insel Sankt Helena im Oktober hinaus noch weiter. Immer wieder kursierten Gerüchte über eine erneute Rückkehr, über angebliche Sichtungen in Frankreich. Die gesellschaftliche Spaltung in ein royalistisches und ein breites oppositionelles Lager aus Liberalen, Bonapartisten und revolutionären Kräften wurde immer deutlicher.

Napoleon starb am 5. Mai 1821, die Nachricht erreichte Paris in den ersten Juliwochen. Entgegen der Befürchtungen der Regierung blieb die Lage ruhig. Ludwig XVIII. ergriff deshalb die vermeintliche Gelegenheit, Frankreich unter der Monarchie zu einen. Der König kondolierte öffentlichkeitswirksam ehemaligen Gefolgsleuten seines Feindes wie dem General Rapp, der jedoch längst in seinem Dienst stand. Dadurch signalisierte der Monarch immerhin die Bereitschaft, Napoleon als Teil der jüngeren Geschichte seines Landes anzuerkennen – sofern dessen Anhänger bereit wären, diesen Abschnitt abzuschließen.

Doch die Regierung schätzte die Lage falsch ein.

Die Pariser Anhängerschaft hatte lediglich die Echtheit der Todesnachricht bezweifelt, waren doch immer wieder entsprechende Falschmeldungen umgegangen. Um den 9. Juli realisierten viele, dass ihr Held tatsächlich von ihnen gegangen war. Ab diesem Tag erschienen in rascher Folge Lithografien und gedruckte Broschüren, die den Verstorbenen besangen und in Läden wie auch auf der Straße vertrieben wurden.

Ihre Autoren stilisierten Napoleon ganz in dessen Sinn: als Helden überdimensionalen Ausmaßes; als Märtyrer, der die Misshandlungen seiner britischen Kerkermeister ertragen hatte; als neuen Prometheus, angekettet an den Felsen von Sankt Helena. Auch Historienmaler ließen sich von diesen Vorstellungen inspirieren, so der Pariser Horace Vernet, dessen fiktives »Le Tombeau de Napoléon à Sainte-Hélène ou l'Apothéose de Napoléon« (siehe Bild oben) – zu Deutsch etwa »Napoleons Grab auf Sankt Helena und seine Vergöttlichung« – ein großer Erfolg war. In Trauerkleidung pilgerten Anhänger des Toten zu Vernets Atelier, nur um einen Blick auf die dort ausgestellten Skizzen zu erhaschen.

Bald war offenkundig, dass Napoleon als Identifikationsfigur einer antibourbonischen Opposition diente. Die griff auf dessen letzte Selbstinszenierung von 1815 zurück: Der Held der Revolution symbolisierte eine Phase Frankreichs ohne König. Gesellschaftliche Gruppen wie die Veteranen der napoleonischen Armeen, die inzwischen größtenteils aus dem Militär ausgesondert worden waren und seitdem unter großer Armut litten, wurden jetzt als Zeitzeugen und Bewahrer einer Epoche nationaler Größe geschätzt.

All diesen Heroisierungen lag der Wunsch zu Grunde, Napoleon über dessen Tod hinaus eine Bedeutung für die Gegenwart zuzuschreiben. Im Sinn von Vernets »Apotheo-

1814 ging Napoleon ins Exil auf Elba, doch schon im Jahr darauf kehrte er zurück, vielerorts begeistert begrüßt.

AKG IMAGES (CARL VON STEUBEN: RÜCKKEHR NAPOLEONS VON DER INSEL ELBA, 1818, KUNSTHANDEL LONDON)

se« hielt Bonaparte nun erst Recht Einzug in die Geschichte und in das kollektive Gedächtnis der Nation.

In einer Panikreaktion griff die Regierung hart durch. Am 20. Juli ordnete die Pariser Polizeipräfektur eine Razzia unter den Lithografienhändlern an, bei der komplette Auflagen samt Druckplatten beschlagnahmt und vernichtet wurden. Das vermochte den Handel mit Bildern und Schriften allerdings nicht zu unterbinden, er florierte lediglich im Geheimen weiter. Bis zum Monatsende erschienen 34 Lithografien und Broschüren mit einer Gesamtauflage von 28000 Exemplaren, bis zum Ende des Jahres waren es 130 Werke mit einer Gesamtauflage von 134 000 Stück. Die Maßnahme machte aber jedermann klar, dass der König Kompromissbereitschaft nur vortäuschte. Das Geschlecht der Bourbonen hatte die Maske fallen lassen und versuchte anscheinend, einen glorreichen Teil der jüngeren Geschichte aus dem Gedächtnis der Franzosen zu löschen. Von nun an war Napoleon ein Prüfstein, an dem alle Regierungen des 19. Jahrhunderts gemessen werden sollten.

Das galt ebenso für die so genannte Julimonarchie, die ein gemäßigtes Großbürgertum nach der Revolution von 1830 einsetzte. Paris hatte sich gegen die reaktionäre Politik Karls X. (1757–1836) erhoben, dem die Rechte des Adels wichtiger waren als die Nöte der Bevölkerung. Als er sich anschickte, das Parlament aufzulösen und das Wahlrecht einzuschränken, koalierten bürgerliche Kräfte – darunter Bonapartisten – und die Arbeiterschaft erstmals wieder seit der Französischen Revolution. Nach drei Tagen Revolution floh der Monarch aus Frankreich. Sein Vetter, Louis-Philippe (1773–1850), erhielt auf Betreiben des bürgerlichen Lagers am 9. August 1830 den Thron. Doch viel änderte er nicht. Die Verfassung wurde stellenweise liberalisiert, und der neue Monarch hieß nun König der Franzosen statt französischer König. Auch wurden die Befugnisse des Parlaments erweitert, seine Kammern blieben aber unter der Kontrolle des Herrschers. Dieser marginale politische Wandel enttäuschte viele Julirevolutionäre.

Strategiewechsel des Monarchen

Während der drei glorreichen Tage des Aufstands – »Les Trois Glorieuses« – hallten »Vive Napoleon!«-Rufe von den Barrikaden, und wenn Revolutionäre bei Gefechten den Tod fanden, erhoben ihre Kameraden sie zu Helden, wobei sie sich der von Bonaparte vorgegebenen Muster bedienten. Der neue Monarch versuchte dies zu nutzen und brachte rasch einige Prestigeprojekte auf den Weg, die Napoleon immerhin als Teil der französischen Geschichte ehren sollten.

So wurde 1833 auf der Place Vendôme erneut eine Statue des Kaisers auf der Siegessäule aufgestellt – die ursprüngliche hatten alliierte Truppen 1814 heruntergestürzt. 1836 wurde der noch unter Napoleon begonnene Arc de Triomphe auf den Champs Elysées fertig gestellt und 1837 ein neues Frontispiz am Panthéon angebracht, auf dem Bonaparte einen prominenten Platz unter den großen Männern Frankreichs einnahm (siehe Bild S. 78/79).

Das stärkste Signal sendete die Julimonarchie aber 1840, als sie von der britischen Regierung die Erlaubnis einholte, Bonapartes sterbliche Überreste von Sankt Helena nach Paris zu überführen. Allerdings verzögerte die so genannte Orientkrise die Umsetzung des Plans. Denn Frankreich unterstützte die Bestrebungen Ägyptens, sich vom Osmanischen Reich zu lösen, um selbst in Afrika besser Fuß zu fassen. Großbritanniens Regierung hingegen stand auf Seiten der Hohen Pforte in Istanbul, denn der drohende Zerfall des Osmanischen Reichs hätte die Machtverhältnisse im Orient ihrer Meinung nach unkalkulierbar gemacht.

Seit 1833 ziert eine Bonaparte-Statue den Innenhof des Invalidendoms, in dem der Korse mit einem Staatsbegräbnis 1840 seine letzte Ruhestätte fand – aus politischem Kalkül des regierenden Königs.

Frankreich musste schließlich nachgeben, in der Bevölkerung sprach man von einem »diplomatischen Waterloo«.

Am 15. Dezember wurde Napoleons Leichnam endlich in einer monumentalen Prozession im Invalidendom beigesetzt, wo er noch heute liegt. Doch die Julimonarchie hatte längst an Glaubwürdigkeit verloren. Spätestens 1832 gab sie den Anschein der Liberalität auf. König Louis-Philippe I. und seine konservativen Regierungen verschlossen sich Forderungen nach weiterer demokratischer Teilhabe. Erneut formierte sich eine breite Oppositionsfront. Ihre Mitglieder deuteten die Feiern zu Ehren Napoleons als neuerlichen Versuch, diesen Teil der französischen Geschichte abzuschließen und dem Nationalhelden eine Bedeutung für die Gegenwart abzusprechen. Dem offiziellen Napoleonkult stellte man deshalb einen inoffiziellen gegenüber, der vor allem 1833 und 1840 mit Protestaktionen gegen die Monarchie die Feierlichkeiten überschattete. Der offenkundige Plan, den Bürgerkönig Louis-Philippe zum heroischen Nachfolger Napoleons zu stilisieren, indem er sich die Erinnerung an diesen aneignete, schlug fehl.

1848 beendete eine neuerliche Revolution die Julimonarchie, die Phase der Zweiten Französischen Republik brach an. Zum Staatspräsidenten wählte man Louis Napoléon Bonaparte, einen Neffen des großen Korsen. Im Dezember 1851 folgte der Staatstreich, und 1852 rief Napoleon III. das Zweite Französische Kaiserreich aus. Auch er versuchte, vom Heldenkult zu profitieren, stilisierte sich aber nicht bloß als Nachfolger Bonapartes, sondern als heroischer Wiederkehrer, fast schon als Reinkarnation seines heldenhaften Onkels.

In anderen Ländern erwies sich Napoleon ebenfalls als wirkmächtige Figur, die Anlass gab, den eigenen Platz in der Geschichte zu reflektieren. So etwa als der Herzog von Wellington 1852 starb und als Bezwinger Napoleons und britischer Nationalheld mit einem großen Staatsbegräbnis in der St Paul's Cathedral in London beigesetzt wurde.

Napoleon war der Held des 19. Jahrhunderts, da er in ganz Europa zu einem Maßstab des Heroischen erhoben wurde. Seine Anhänger verehrten ihn als »homme du siècle«, als Mann des Jahrhunderts, seine Gegner und Kritiker sahen in ihm eine vernichtende Kraft, die den Kontinent verwüstet hatte. Sie alle gestanden ihm einen überzeitlichen Wert zu und diskutierten Napoleons Bedeutung für die eigene Gegenwart noch weit über dessen Tod hinaus. Damit folgten sie letztlich den Inszenierungen, die Bonaparte zu Lebzeiten aufgebaut hatte. ◂

QUELLEN

Beßlich, B.: Der deutsche Napoleon-Mythos. Literatur und Erinnerung 1800 bis 1945. Wissenschaftliche Buchgesellschaft, 2007

Jourdan, A.: Napoléon, héros, imperator, mécène. Collection historique. Aubier, 1998

Marquart, B.: Napoleons Golgota. Sakralisierende Heldenverehrung zwischen Restauration und Julimonarchie. In: Heinzer, F. et al. (Hg.): Sakralität und Heldentum. Ergon, 2017, S. 215–227

Schmidt, R., Thamer, H.-U. (Hg.): Die Konstruktion von Tradition: Inszenierung und Propaganda napoleonischer Herrschaft, 1799–1815. Rhema, 2010

Ab 29. 2. 2020 im Handel!

VORSCHAU

Spektrum SPEZIAL Achäologie Geschichte Kultur wird jetzt zu

Spektrum GESCHICHTE

Von der Menschwerdung bis in die Neuzeit – **Spektrum GESCHICHTE** berichtet über die großen und kleinen Episoden der Vergangenheit und zeigt, wie Archäologen und Historiker die ungelösten Rätsel unserer Menschheitsgeschichte entschlüsseln.

TITELTHEMA DER NEUEN AUSGABE

Tausende menschlicher Knochen im Tal der Tollense haben unser Bild vom Ende der Bronzezeit korrigiert. Seit Archäologen in Mecklenburg-Vorpommern graben, wird klar: Es war kein lokales Scharmützel, sondern ein überregionales Schlachtgetümmel – das deutlichste Zeugnis, dass Europa vor fast 3300 Jahren von Krieg und Gewalt gezeichnet war. Anderer Ort, ähnliche Funde: Auch in Kalkriese fand einst eine Schlacht statt. 9 n. Chr. seien dort die römischen Legionen des Varus in einen Hinterhalt der Germanen geraten. Doch ob die Varusschlacht tatsächlich in Kalkriese stattfand, ist bis heute nicht sicher.

Deutschlandweit decken Archäologen Fundplätze auf, die unsere Vergangenheit erhellen und neue Rätsel aufwerfen: Es sind unsere geheimnisvollsten Orte der Geschichte. Das Titelthema ist Auftakt einer neuen Serie und zugleich die erste Ausgabe unseres neuen Magazins **Spektrum GESCHICHTE**.

WEITERE THEMEN

EINE HEIMATLOSE, DIE IHRE HEIMAT VERRIET?
Vor 500 Jahren zerstörte der Konquistador Hernán Cortés das Aztekenreich. An seiner Seite: die junge Malinche, Urmutter Mexikos, feministische Ikone und Inbegriff des Verrats.

DIE HOFFNUNG AUF DAS UNLESBARE
Hunderte verkohlter Papyrusrollen aus Herculaneum warten darauf, gelesen zu werden. Noch nie waren die Aussichten so gut wie jetzt. Lüftet neue Technik das Geheimnis ihres Inhalts?

ODYSSEUS, EIN DRÜCKEBERGER UND LÜGNER
Listenreich und klug, so schildert Homer seinen Helden Odysseus. Doch der König von Ithaka handelt im Epos unmoralisch – er lügt, betrügt und schickt die Gefährten in den Tod.